AF389593

TOURS

ET

Les Châteaux de Touraine

Les Villes d'Art célèbres

TOURS

ET

Les Châteaux de Touraine

PAR

PAUL VITRY

CONSERVATEUR ADJOINT AU MUSÉE DU LOUVRE
PROFESSEUR A L'ÉCOLE NATIONALE DES ARTS DÉCORATIFS

Ouvrage orné de 107 gravures

PARIS

LIBRAIRIE RENOUARD, H. LAURENS, ÉDITEUR

6, RUE DE TOURNON, 6

1907

Le boulevard Béranger.

AVANT-PROPOS

On a vanté de tout temps la grâce et la douceur du pays de Touraine : on n'a peut-être jamais assez dit la noblesse et la grandeur calme de ses paysages aux lignes harmonieuses, aux teintes légères. Il en est peu de plus typique et de plus frappant que celui où s'élève la ville même de Tours. La Loire y décrit, au pied des coteaux de Saint-Symphorien et de Saint-Cyr, une grande courbe à peine accentuée, mollement, comme il convient au fleuve paresseux, encombré de bancs de sable et d'îles ver-doyantes. Elle s'y étale avec une majesté tranquille, et rien n'égale la large beauté des horizons qu'on découvre des coteaux qui la dominent, des quais qui la bordent, des ponts qui la traversent. Aux heures surtout où le soleil à mi-hauteur fait vibrer les vapeurs de l'atmosphère, aux saisons incertaines où la nature n'a ni l'éclat absolu de l'été, ni la séche-resse grise de l'hiver, des nuances infiniment délicates se révèlent qui viennent ajouter à la noblesse harmonieuse du dessin le charme tendre et discret du coloris. Ce n'est pas ici un pays de lumière éclatante, de pittoresque excessif, de beauté frappante ; mais la séduction pénétrante s'en fait sentir peu à peu, douce et invincible.

Il en est à peu près de même pour la ville et pour l'art qui s'y est développé. La beauté ni le pittoresque n'en ont rien qui s'impose de prime abord ; il ne faut pas chercher ici les émotions fortes de Venise, de Nuremberg ou de Bruges. On voit de loin la masse des toits gris s'étaler tranquillement dans la plaine que borde une ceinture verte tachée de maisons blanches ; le large ruban de la Loire limite la vieille ville au Nord ; la nouvelle va rejoindre le Cher parallèle au Midi ; quelques clochers pointent çà et là avec quelques pignons d'un blanc doré. On pénètre : les rues sont claires, plutôt élégantes ; de grands boulevards plantés de vieux arbres s'égayent souvent de marchés aux fleurs ; la pierre des maisons toute blanche, paraît neuve ; elle se dore et s'effrite dans les vieux quartiers, mais garde presque toujours son éclat. Des constructions régulières, agréables, mais rien de très saillant. On peut passer, circuler, aller à ses affaires ; on a l'impression d'une jolie ville, à l'animation modérée, assez riche, un peu banale et sans grand caractère. Il semble que, si l'on interrogeait les habitants, c'est à peu près ainsi qu'ils la définiraient. On les étonne en cherchant chez eux autre chose. Insistons cependant, laissons la ville neuve, quittons les grandes voies, fouillons les vieux quartiers. Forçons le Tourangeau indifférent à nous révéler le cloître Saint-Gatien qu'il ignore ou néglige, franchissons la porte banale qui cache le cloître Saint-Martin : pénétrons dans les allées de maisons dont les façades neutres dissimulent des merveilles de grâce et d'élégance. Rappelons-nous surtout : évoquons le passé, de patients chercheurs nous ont facilité la besogne : le vieux Tours va nous apparaître au milieu du Tours moderne.

Si ses monuments n'ont pas, sauf quelques-uns, la célébrité et l'intégrité qui font se pâmer le touriste hâtif, quantité de vestiges vont nous y retenir, dont beaucoup sont d'une qualité rare sinon très éclatante et d'une importance historique considérable ; des ensembles même vont ressusciter pour nous, dont le pittoresque pour n'avoir rien de troublant ni d'excessif n'en sera pas moins séduisant et instructif. Des destructions lamentables se sont produites à diverses époques, des trésors d'art se sont dispersés : sans nous abandonner à des regrets superflus, à des études d'intérêt rétrospectif, nous pourrons au moins indiquer la valeur et la place de ce qui fut jadis la gloire de la ville, et nous verrons ainsi se recomposer devant nous un tableau d'ensemble, une histoire artistique continue, dont

La Loire à Tours. — Vue prise des hauteurs de Saint-Cyr.

Cliché Neurdein.

beaucoup de moments seront très brillants: ce sera celle de l'art tourangeau et par instants, du reste, celle de l'art français lui-même.

C'est la ville de Tours qui fera naturellement, ici, l'essentiel de notre
recherche et nous ne saurions, bien entendu, ajouter au tableau des
richesses d'art qu'elle nous présentera, toutes celles que renferme la
Touraine dans ses anciennes abbayes, ses églises et ses nombreux
châteaux. De petites villes comme Loches, comme Chinon, comme
Amboise, mériteraient une étude spéciale qui, pour plusieurs, a déjà été
écrite, mettant en relief leur histoire, leur aspect pittoresque et la variété
séduisante des monuments qu'elles renferment encore malgré les ravages
du temps et des hommes. Mais la visite de Tours se complète d'ordinaire
et très logiquement, par celle des principaux châteaux groupés aux environs, dans les vallées de la Loire, du Cher, de l'Indre et de la Vienne ;
notre tableau de l'art tourangeau pourra se compléter aussi par une revue
rapide de ces grands châteaux de Touraine, élevés et décorés du XIe au
XVIe siècle, le plus souvent par des artistes dont le centre d'action était
à Tours même. Nous nous bornerons du reste, dans cette partie, à quelques indications essentielles, sans prétendre, bien entendu, à épuiser la
matière qui est des plus riches.

Nous ne prétendons pas présenter ici une œuvre d'érudition originale :
les monuments et les artistes de Tours et de Touraine ont été l'objet,
depuis plus de soixante ans, de recherches passionnées et souvent heureuses de la part de plusieurs générations de savants, dont quelques-uns
comptent parmi les maitres de l'archéologie moderne. Quarante-sept
volumes de *Mémoires*, quatorze de *Bulletins*, représentent l'œuvre de
la *Société archéologique de Touraine*, fondée en 1840 et nous ne saurions même donner ici l'indication de tous les travaux intéressant notre
sujet, qu'ils renferment. Nous ne pourrons non plus, quelque regret que
nous en ayons, indiquer à chaque fois les sources où nous avons puisé
nos renseignements: le cadre de cette étude ne nous le permet pas. Une
note bibliographique succincte mettra seulement le lecteur à même de
se rendre compte des principaux travaux d'ensemble ou de détail qui ont
précédé le nôtre. Nous tenons à déclarer, en outre, combien nous sommes
redevables à l'ensemble des publications, anciennes ou récentes, des
membres de la Société archéologique de Touraine.

Mais nous nous ferions scrupule cependant de ne pas dire spécialement
ce que nous devons au *Tours archéologique* de Charles de Grandmaison.
Nous avons essayé d'y ajouter ce qui a pu, depuis vingt-cinq ans, se
révéler ou se préciser. Nous avons prétendu surtout pousser plus loin

l'étude historique des monuments de Tours et le tableau de l'activité artistique dans cette ville, joindre à l'étude du moyen âge et de la Renaissance, celle de l'époque moderne et même de l'époque contemporaine. Mais nous devons reconnaître quel guide sûr, quel modèle d'érudition claire et de présentation intelligente a été pour nous ce petit livre d'apparence un peu austère, que le public ne connaît pas assez.

Nous terminerons en remerciant tout particulièrement M. Louis de Grandmaison qui préside aujourd'hui aux travaux de la Société archéologique et perpétue les traditions de science et de méthode héritées de son père, des indications éclairées qu'il a bien voulu nous fournir, de ses avertissements amicaux, et du plaisir enfin que nous avons eu mainte fois à circuler en sa compagnie dans le Tours d'autrefois et d'aujourd'hui.

Le Morier, Janvier 1905.

Cliché de l'Auteur

La rue des Halles et les tours de Saint-Martin.

La place Foire-le-Roi.

NOTE BIBLIOGRAPHIQUE

Principaux ouvrages d'ensemble sur Tours et la Touraine :

CHALMEL. *Histoire de Touraine*, 1828. — *La Touraine. Histoire et monuments*, 1855. — C. CHEVALIER. *Promenades pittoresques en Touraine*, 1869. — D' GIRAUDET. *Histoire de la ville de Tours*, 1883. — CHARLES DE GRANDMAISON. *Tours archéologique*, 1879. — C. CHEVALIER. *Guide pittoresque du voyageur en Touraine*. (1re édition 1871, 19e édition, 1886. — CARRÉ DE BUSSEROLLE. *Dictionnaire géographique, historique et biographique d'Indre-et-Loire*, 1878-1884. — L.-A. BOSSEBŒUF. *Les rues de Tours*, 1888. — P. SUZANNE. *Tours pittoresque*, 1890. — *Tours romanesque ou les errata de Tours pittoresque*, 1899.

Quelques études d'ensemble ou de détail sur l'art et les artistes tourangeaux :

CH. DE GRANDMAISON. *Documents inédits pour servir à l'histoire des arts en Touraine*, 1870.

D' E. GIRAUDET. *Les artistes Tourangeaux*, 1885 (Répertoire alphabétique).

L. DELISLE. *Mémoire sur l'école calligraphique de Tours au IXe siècle*, 1885. — L.-A. BOSSEBŒUF. *Ecole de calligraphie et de miniature de Tours. Des origines au XIe siècle*, 1891. — PAUL LEPRIEUR. *La peinture en Occident du Ve au Xe siècle* dans l'*Histoire de l'art* publiée sous la direction de M. André Michel, t. I, ch. IV. — PAUL LEPRIEUR. *Jehan Fouquet* (Revue de l'art ancien et moderne, 1897). — GEORGES LAFENESTRE. *Jehan Fouquet*, 1905. — HENRI BOUCHOT. *L'Exposition des Primitifs français*, 1904. — PAUL VITRY. *Michel Colombe et la sculpture française de son temps*, 1901. — A. DE MONTAIGLON. *La famille des Juste en Italie et en France*, 1876. — LOUIS DE GRANDMAISON. *Les auteurs du tombeau des Poncher*, 1897. — PALUSTRE. *Mélanges d'art et d'archéologie*, 1887 et *Album de l'Exposition rétrospective de 1890*. — L.-A. BOSSEBŒUF. *Les fabriques de soieries à Tours*, 1900 et *La manufacture de tapisseries de Tours*, 1903.

Principales monographies des grands châteaux de Touraine :

E. GAUTIER. *Histoire du donjon de Loches*, 1881. — G. DE COUGNY. *Chinon et ses environs*, 1898. — CHEVALIER. *Histoire de Chenonceau*, 1868 et *Le château de Chenonceau. Notice historique* (5e édition), 1882. — L.-A. BOSSEBŒUF. *Langeais, son château*, 1893; *Amboise, le château, la ville et le canton*, 1897; *le Coudray-Montpensier*, 1899; *Loches, monuments et souvenirs*, 1901, etc.

TOURS

CHAPITRE PREMIER

LES ORIGINES
L'ANTIQUITÉ ET LE HAUT MOYEN AGE

Page d'un Sacramentaire du IXe siècle.
(Bibliothèque de Tours)

OURS n'est pas une de ces villes, comme Arles ou Autun, dans lesquelles le passé antique se survive en des monuments imposants encore debout, ni même comme Lyon ou Sens, où tant de souvenirs, tant de fragments subsistent pour évoquer l'idée romaine ou gallo-romaine que l'imagination en est forcément frappée et que le visiteur, même peu prévenu, doit accorder quelques instants d'attention à ces restes vénérables.

Une ville romaine d'une certaine importance s'éleva cependant sur une partie de l'emplacement du Tours actuel, entre la Loire et le Cher. Certains auteurs voudraient même qu'il eût existé à cet endroit, avant la conquête de César, une cité gauloise, capitale de la tribu des Turons ou *Turones*, qui ont donné leur nom au pays et sont cités par César comme ayant fourni leur concours à la tentative désespérée du patriotisme gaulois sous Vercingétorix. Mais aucune mention précise de textes, aucune découverte de fouilles ne nous en assure. Tout ce que nous savons, c'est qu'en ce lieu s'élevait, aux premiers siècles de notre ère, aux temps où la Gaule pacifiée subissait le joug et la culture des Latins, une ville qui avait pris le nom de *Caesarodunum*.

Cette ville, au nom essentiellement romain, jouissait de certains privilèges politiques et économiques, si l'on en croit une inscription retrouvée dans les caves de l'archevêché et dont on peut voir le moulage au Musée. CIVITAS TURONORUM LIBERA, dit cette inscription que l'on place tantôt au Ier, tantôt au IIe, tantôt au IIIe siècle de notre ère. L'importance de cette ville libre, que ne nous atteste plus aucun monument complet, nous est cependant révélée par les dimensions d'un édifice essentiel, semble-t-il, à toute agglomération romaine, son *amphithéâtre*. Une exploration conduite il y a une cinquantaine d'années par les soins de la Société archéologique, et qu'il est bien difficile de refaire pour son édification personnelle, dans les caves et les sous-sols du vieux quartier qui s'étend derrière la cathédrale, a permis d'en retrouver les substructions, certains passages voûtés, quelques portes, de fortes assises, et d'en dresser le plan complet. Le grand axe n'en aurait pas eu moins de 135 mètres et le chiffre des spectateurs, chiffre énorme et surprenant, aurait pu atteindre environ douze mille. Ces arènes eussent été, si ces chiffres sont exacts, plus grandes que celles de Nîmes. Des thermes voisinaient aussi avec cet amphithéâtre; on en a retrouvé quelques vestiges sous la place même qui s'étend au chevet de la cathédrale. Un aqueduc amenait d'au delà du Cher les eaux destinées à la consommation de la ville et en particulier à ces bains, le grand luxe des Romains, comme les jeux du cirque étaient leur grande joie.

Caesarodunum, ville de plaisance et de commerce, reliée par des routes aux villes voisines, à Angers, au Mans, à Poitiers, abritée des inondations par des digues, s'étendait dans la plaine basse qui s'étale entre les deux cours d'eau paisibles, et où l'on a retrouvé sur différents points des vestiges romains, fûts de colonnes, chapiteaux, bas-reliefs, architraves, etc., assez loin souvent de l'endroit un peu plus élevé que nous venons de citer, et qui paraît avoir été dès cette époque le centre de la ville antique. On a déterminé également la place de deux cimetières situés en dehors même des limites actuelles de la ville, l'un en creusant le canal de la Loire au Cher, l'autre en travaillant au chemin de fer de Poitiers. Des urnes cinéraires, des vases en verre à long col, à reflets irisés, ont été exhumés; on peut les voir au Musée de la Société archéologique, avec un certain nombre d'autres objets, notamment une collection de têtes de béliers surmontant des gaines en terre cuite, où Léon Palustre proposait de reconnaître, plutôt que des motifs architecturaux, de simples chenets.

Parmi les fragments de grandes décorations retrouvés, l'un des plus
considérables est certainement cet angle de corniche monumentale orné
d'oves, de denticules et de modillons sculptés que nous reproduisons ici.
On l'a rencontré il y a quelques années dans les fouilles du Crédit lyonnais,
le long de la rue Nationale, et il est déposé, en attendant mieux, dans la
cour de la Bibliothèque. La décoration, assez banale de style, en est
large, de grand effet, et dénote le goût fastueux et lourd de l'art
classique en décadence. A quel édifice appartenait-il ? Temple, palais,
arc de triomphe, il est assez difficile de le dire en l'état de nos connais-

Cliché L. Bousrez.

Fragment d'un édifice gallo-romain (Cour de la Bibliothèque).

sances. On sait cependant par des textes du moyen âge qu'il y avait
dans cette région des ruines très importantes. On cite quelquefois
d'autre part, ici où là, un temple de Mercure, un temple de Vénus,
mais sans pouvoir rien préciser à leur égard.

Un fragment beaucoup plus célèbre, quoique de conservation plus
médiocre, encastré jusque vers 1812 dans une muraille du vieux château
gothique, passait jadis pour le tombeau de Turnus, ce Troyen légendaire,
fondateur de la ville de Tours, que célébraient les mystères érudits du
temps de Louis XII, en attendant que Ronsard chantât Francus, fils
d'Hector, aïeul de la race française. Un brave historien du XVIIe siècle
cite encore sérieusement l'opinion d'après laquelle Turnus serait le fondateur de la ville. « Voire, ajoute-t-il, maintenant que son tombeau est

encore aux pieds du château, du côté de la rivière de Loire. » C'était tout simplement un fragment de frise aux rinceaux très rongés par le temps, mais dont les dimensions comme le style indiquent aussi quelque édifice assez important. Il a pris place aujourd'hui au Musée, dans un vestibule encombré qui sert de musée lapidaire, avec plusieurs autres débris retrouvés en divers endroits de Tours ou des environs, à Langeais, à Esvres, à Civray-sur-Cher, etc.

Un grand nombre de fragments antiques où se voient des sculptures et des inscriptions, sont encore encastrés dans une muraille d'enceinte qui paraît avoir été construite à la hâte, au début du IVe siècle. Après une catastrophe, invasion ou insurrection, qui avait ruiné la luxueuse cité gallo-romaine, on sentit le besoin de se mettre à l'abri derrière des remparts solides et l'on entassa autour du cœur de la cité les débris des édifices qui naguère faisaient son orgueil. C'est la même aventure qui arriva en tant de villes où l'on a retrouvé, comme à Sens ou à Poitiers, les débris des édifices romains dans les remparts démolis.

Ici le rempart du IVe siècle subsiste encore en partie. Il est même apparent en plusieurs endroits, et l'on a pu relever le tracé complet de l'espèce de *castrum* ou camp retranché, légèrement plus élevé que les alentours, qui fut le noyau primitif de la ville de Tours. C'est comme un trapèze qui va de l'archevêché à la Loire et de la rue Lavoisier (ancienne rue Saint-Maurice) à la rue du Petit-Cupidon. Il semble même que le mur de l'amphithéâtre ait été utilisé pour constituer cette enceinte fortifiée ; la rotondité s'en accusait dans une sorte de bastion avancé vers la campagne, en partie englobé aujourd'hui dans les jardins de l'archevêché.

La rue dite de la Porte-Rouline suit une partie de l'ancien chemin de ronde. Le grand portail de la cathédrale, dont nous verrons bientôt l'histoire, est assis sur le rempart ; on a rencontré aussi des traces de celui-ci, en 1895, en nivelant le préau de Saint-Gatien, sur le flanc nord de ce portail. On suppose même qu'il y avait là une tour analogue à celle qui était placée vers le fleuve et sur les fondations de laquelle s'éleva plus tard la tour actuelle du château, dite *tour de Guise*, analogue surtout à celle qui est enclavée dans les bâtiments de l'archevêché et qui a été dégagée, puis restaurée en 1893.

Cette tour de l'archevêché nous offre, avec son petit appareil et ses chaînages de brique, un très bon spécimen du mode de construction gallo-romaine qui va se transmettre pendant la période mérovingienne et servir à la construction des premiers temples chrétiens (on en retrouve encore çà et là des vestiges dans les églises les plus anciennes de la

région de Tours). Elle était à l'angle sud-ouest de l'enceinte. Le mur se continuait ensuite, formant un angle droit avec la partie précédente ; il subsiste
dans le soubassement des bâtiments de l'archevêché ; mais c'est un peu plus
loin, sur le front sud de l'enceinte, parallèlement à la rue des Ursulines, en
face du petit séminaire, qu'on peut le mieux se rendre compte de la nature

Tour de l'enceinte gallo-romaine (Palais de l'Archevêché).

du vieux rempart. A la base, apparaissent d'énormes blocs de grand appareil entassés sans mortier, comme dans un mur cyclopéen : ce sont les
fragments des édifices détruits ; on y discerne des moulures, des fûts de
colonnes, parfois des inscriptions, notamment dans les caves de l'archevêché ;
au-dessus, la muraille est en petit appareil avec des chaînes de briques.

Ce vieux mur de la rue des Ursulines, qui nous raconte la ruine des
amphithéâtres et des temples gallo-romains, nous rappelle aussi la constitution d'une cité forte, indépendante d'abord, ayant secoué le joug

romain, soumise ensuite à la domination des Wisigoths, puis à celle des Francs après les victoires de Clovis, vivant enfin à travers les temps troublés des Mérovingiens sous la tutelle de ses évêques, dont l'un fut le célèbre Grégoire de Tours : il nous est encore un témoin, après l'éclat passager du règne de Charlemagne, des incursions désastreuses des Normands dont l'effort vint se briser contre ses vieilles pierres, après avoir ruiné tous les établissements plus récents qui s'étaient fondés alentour. On croit en effet reconnaître ici la brèche des Normands, aux réparations qu'ordonna Charles le Chauve (elles sont en appareil différent), en même temps qu'il permettait l'édification des châteaux forts et constituait la féodalité future.

Sur cette période de cinq cents ans (350 à 850 environ) qui a sollicité souvent la sagacité... et l'imagination des archéologues et des historiens, période que remplissent d'ailleurs tant d'évènements importants, dramatiques et obscurs, bien peu de témoignages matériels subsistent, qui soient facilement discernables dans les monuments tourangeaux. Nous passerons rapidement pour notre part et nous nous contenterons de signaler un certain nombre de fondations, institutions ou édifices, qui nous permettent de noter l'origine et comme le prétexte de futurs monuments d'art plus durables.

C'est d'abord l'apparition du christianisme qui se produit, suivant toute vraisemblance, en Touraine, vers le milieu du IIIe siècle, avec l'apostolat de Saint Gatien ; celui-ci est mentionné, du reste, par le seul Grégoire de Tours, qui vivait trois cents ans plus tard. Par les soins de saint Lidoire, au milieu du IVe siècle, fut fondée l'église métropole, dans l'enceinte de Caesarodunum, à l'emplacement sans doute de la future cathédrale ; mais c'est le successeur de saint Lidoire, saint Martin, qui fut le grand propagateur de la religion chrétienne en Touraine et le plus grand nom de l'épiscopat tourangeau. Il consacra la cathédrale à saint Maurice et fonda aux portes de la ville le monastère de *Marmoutier* 372 : ce n'était d'abord qu'une sorte de lieu de retraite, où l'évêque se retirait avec ses disciples, dans des cellules creusées dans le roc, comme le sont encore tant d'habitations de la côte, le long de la Loire : mais on sait que Marmoutier devint plus tard un des centres monastiques les plus considérables de France. On montre encore quelques-unes des cellules des disciples de saint Martin, sanctifiées par la tradition et par l'imagination des fidèles.

Enterré, suivant l'usage, aux portes de Tours, en dehors de l'enceinte de la ville, le corps de saint Martin allait devenir le prétexte, par la dévotion dont il fut aussitôt l'objet, de créations considérables. Saint Brice élève d'abord sur son tombeau une chapelle. Mais, dès avant la fin du Ve siècle,

saint Perpet transforme celle-ci en une basilique insigne, que nous
décrivent avec enthousiasme les historiens tels que Sulpice Sévère et
Grégoire de Tours, apologistes de saint Martin.

Ce vaste édifice qui affectait certainement le plan des basiliques latines,
avec, en plus, une lanterne entre la nef et le chœur, devait être assez
pauvrement construit, mais richement décoré de peintures à fonds d'or et

Emplacement de la basilique de Saint-Martin. — La nouvelle basilique et la Tour Charlemagne.

de mosaïques, comme les plus belles églises du temps ; il a fait l'objet de
reconstitutions, toutes conjecturales du reste, de la part de Lenormant, puis
de Quicherat. On en a à peine retrouvé quelques vestiges dans des fouilles,
postérieures à ces travaux. On a reconnu notamment l'emplacement exact
du tombeau du saint, sur lequel s'élève aujourd'hui l'autel d'une basilique
moderne dont nous reparlerons. On a cru retrouver aussi quelques fragments du marbre que saint Euphrone, évêque d'Autun, envoya pour recou-
vrir le corps du saint, mais rien, hélas ! du riche reliquaire en orfèvrerie
que saint Éloi, sur l'ordre de Dagobert, avait confectionné plus tard de
ses mains pour enfermer les reliques précieuses et vénérées. Celui-ci dut
disparaître ainsi que toute la riche décoration de l'église pillée et incendiée

par les Normands en 853 ; les moines avaient à peine eu le temps de sauver les reliques. Après quelques voyages, celles-ci vinrent s'abriter dans l'enceinte fortifiée dont nous avons parlé tout à l'heure, de 887 à 918. Elles échappèrent ainsi à une deuxième invasion normande ; le début du Xe siècle vit, en effet, ravager, encore une fois, toute la plaine où s'étaient élevés puis relevés, autour de la basilique de Saint-Martin et de son abbaye, nombre de chapelles, de monastères, de maisons, d'hôtelleries et d'hospices pour les pèlerins riches ou pauvres, rois, princes, clercs ou manants qui affluaient de toute part ; toute une ville nouvelle s'était ainsi constituée, la ville de Saint-Martin, en face de la vieille ville gallo-romaine, la *civitas*. Cette ville dut même de bonne heure avoir son enceinte fortifiée, car on a remis au jour en 1906 au 37 de la rue Néricault-Destouches une partie de mur carolingien, peut-être même antérieur, avec ses assises de grand et de petit appareil, ses lignes de briques disposées régulièrement.

Nombre d'églises qui ont subsisté, ou plutôt qui furent reconstruites à partir du Xe siècle, existaient dès avant les invasions normandes. C'étaient à l'ombre même de la basilique, Saint-Pierre-le-Puellier, Saint-Vincent, le baptistère de Saint-Jean, Notre-Dame-de-l'Ecrignole, Saint-Saturnin, Notre-Dame-la-Pauvre qui devint plus tard Notre-Dame-la-Riche, etc... Entre l'agglomération martinienne et la cité, c'étaient Saint-Hilaire, Saint-Julien, Saint-Etienne, beaucoup d'autres encore.

Mais aucun de ces édifices religieux antérieurs au Xe siècle n'a laissé de traces appréciables. La tradition même d'après laquelle la base de la tour dite de Charlemagne, un des rares débris encore debout de la basilique de Saint-Martin, serait de construction carolingienne, n'a guère de chances d'être exacte. Luitgarde, femme de Charlemagne, qui mourut pendant un séjour de l'empereur en Touraine, était enterrée dans le transept de la basilique de ce côté : mais c'est Hervé, chanoine de Saint-Martin, qui dut faire construire la tour, après 997.

Par contre, dans l'intérieur de la cité, le long du vieux mur gallo-romain, il subsiste une petite construction, englobée aujourd'hui dans les bâtiments de l'archevêché, qui comprend trois travées couvertes en pierre, avec voûtes d'arête. Église, oratoire, fragment du palais épiscopal primitif, il est assez difficile de se prononcer sur sa destination ainsi que sur sa date exacte. Il semble bien en tous cas que ce soit un fragment des édifices qui avoisinaient la cathédrale primitive, avant le Xe siècle.

Si l'architecture a disparu, les autres arts au moins nous renseignent-ils sur ces époques lointaines du haut moyen âge, où la ville de Tours,

grâce surtout au culte des reliques de saint Martin et à ses conséquences,
jetait déjà un éclat considérable ? A Tours comme ailleurs. les fragments conservés jusqu'à nous, de la plastique proprement dite à l'époque
mérovingienne et carolingienne sont bien rares. Quelques fragments
plus ou moins ornés, au Musée martinien ou au Musée de la Société
archéologique, nous font penser cependant à des monuments très voisins.
comme le fameux pilastre de Cravant : ils sont, comme lui, décorés de ces
entrelacs très particuliers qui témoignent de l'intrusion des imaginations
septentrionales et barbares dans notre art roman si complexe, où subsistent nombre de souvenirs gallo-romains, et où sont venus se greffer
déjà quelques éléments orientaux ou byzantins.

On peut voir aussi, au Musée de la Société archéologique, un peigne
en ivoire qui a figuré à mainte exposition rétrospective : c'est peut-être un
objet d'usage courant, peut-être un de ces instruments liturgiques avec
lesquels le prêtre se peignait, ou était censé se peigner, avant le sacrifice
de la messe, et que conservent encore beaucoup de trésors d'églises. Son
ornementation assez grossière est très caractéristique de l'art mérovingien
et de son décor géométrique. Il a été retrouvé il y a une vingtaine d'années
dans la rue de Jérusalem. Quelques autres objets de même époque et de
style analogue, boucles, armes, bijoux barbares, ont été découverts dans
d'anciens cimetières ou dans des fouilles quelconques, à Tours ou aux
environs, et déposés aussi dans les collections du Musée. On conserve
enfin dans le trésor de la cathédrale l'anneau de saint Leubais, abbé de
Sennevières, qui date du VIe siècle.

Les grandes peintures qui décoraient les basiliques primitives et dans
lesquelles se formait déjà une iconographie liturgique immuable, un art
d'enseignement, traduisant avec plus ou moins d'habileté les vérités essentielles de la religion, ont naturellement disparu et ne nous sont plus connues
que par les textes. Mais il est resté nombre de témoignages de l'art des minia-
turistes du temps de Charlemagne et de ses successeurs, où Tours fut,
comme l'on sait, un des plus grands centres de production de beaux manuscrits liturgiques. De remarquables écoles de calligraphes et aussi d'enlumineurs s'y formèrent dès la fin du VIIIe siècle et pendant tout le IXe, dans les
abbayes de Saint-Martin et de Marmoutier, autour de l'église métropole de
Saint-Maurice également. On y fabriquait les parchemins, on copiait les
textes sacrés ou profanes et on les enrichissait. à l'origine, de belles lettres
ornées rehaussées d'or ou d'argent. un peu plus tard, de vignettes ou de
peintures à pleine page, représentant les personnages ou les scènes
du livre, parfois le portrait de l'auteur ou quelque scène de dédicace.

Des ateliers de moines calligraphes existaient dès le temps de Grégoire de Tours, mais c'est sous Charlemagne qu'un religieux d'origine saxonne nommé Alcuin, un savant et un artiste, devenu abbé de Saint-Martin par la grâce du prince qui estimait assez son savoir pour avoir reçu lui-même ses leçons, lui imprima une très active direction (796-804). Alcuin dut prendre ses modèles dans la tradition antique, conservée assez vivace en Italie (il y était allé lui-même à plusieurs reprises), mais aussi dans les productions des écoles monastiques anglo-saxonnes d'où il était sorti et auxquelles on sait qu'il demanda des livres pour servir d'exemples à ses scribes. Nombreux sont les manuscrits qui sortirent du *scriptorium* de Saint-Martin, surtout peut-être sous les successeurs d'Alcuin, Frédégise, son élève et son ami (804-834), Adélard (834-845), le comte Vivien, abbé séculier de Saint-Martin (845-854), pour être offerts à Charlemagne, à Lothaire, à Charles le Chauve, à tel ou tel puissant personnage du temps. C'étaient des Bibles, des Évangiles, souvent des copies de la vie de saint Martin, patron de l'abbaye, par Sulpice-Sévère, parfois des livres profanes, comme le *Virgile* de la bibliothèque de Berne ou l'*Arithmétique de Boèce* de la bibliothèque de Bamberg.

Pami les œuvres les plus célèbres qui se soient conservées, la cathédrale de Nancy possède un *Évangéliaire* dit de *saint Gauzelin* qui fut exécuté pour un grand personnage de la cour de Louis le Débonnaire, le grand Séminaire d'Autun un *Sacramentaire* exécuté vers 845 pour le comte Rainaud abbé de Marmoutier : notre Bibliothèque Nationale enfin renferme les *Évangiles de Lothaire*, ainsi que la célèbre *Bible de Charles le Chauve*, les deux chefs-d'œuvre de l'École. Cette dernière Bible contient huit grandes pages enluminées dont l'une nous montre le comte Vivien et ses religieux faisant hommage du livre à l'empereur, représenté assis, la couronne en tête et le sceptre en main.

A Tours même, on peut voir à la Bibliothèque de la ville plusieurs spécimens assez importants de l'art des scribes et des enlumineurs tourangeaux du IX⁵ siècle. L'un de ces manuscrits vénérables (n° 22 du catalogue), le plus remarquable peut-être par sa pureté d'exécution, un recueil des Évangiles écrit tout entier en lettres d'or sur vélin blanc, offre de plus l'intérêt d'un souvenir historique considérable : c'est le livre sur lequel les rois de France prêtaient serment comme abbés de Saint-Martin et juraient de maintenir les privilèges de la célèbre collégiale.

Le texte offre un exemple excellent de cette écriture soignée en lettres semi-onciales, élégante et claire, véritable œuvre d'art par elle-même, qui est la création originale des ateliers de Tours et trahit déjà le génie

logique et limpide des artisans qui y travaillent : c'est elle qui fournira
plus tard des modèles aux imprimeurs du XV° siècle pour leurs caractères minuscules. Quant au décor, il est très sobre, un peu sévère même,
la netteté du texte faisant la principale beauté du livre. On rencontre, çà
et là, quelques lettres initiales de grand style ; mais la partie la plus
typique de l'ornementation se voit aux canons de concordance des

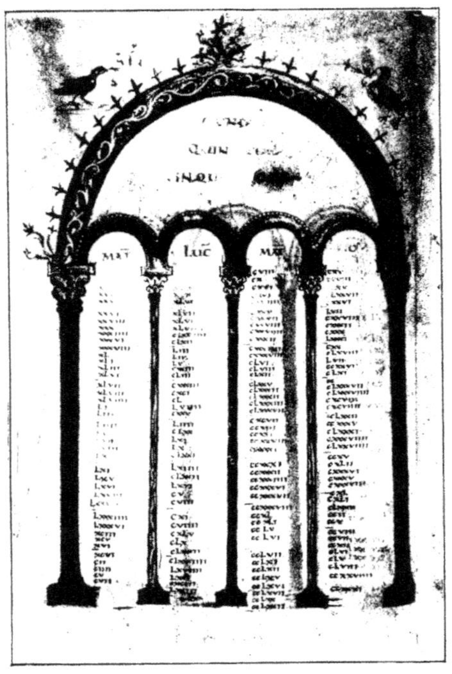

Cliché de Léon Palustre.
Page d'un Évangéliaire du IX° siècle (Bibliothèque de Tours).

Évangiles ; ils sont encadrés, suivant l'usage déjà traditionnel, sous
des sortes de portiques de marbre aux couleurs éclatantes, dont le
dessin général révèle des souvenirs évidents de l'art antique et dont
la disposition rappelle sans doute aussi certaines décorations des églises
du temps : on y voit suspendus parfois des lampes, des calices, des
couronnes de lumières. Mais ce qui fait ici le caractère propre de l'art
local, c'est la clarté et la logique de la composition. Ni complications, ni
surcharges ; point de fantastiques entrelacs, ni d'imaginations confuses

et bizarres : la grâce et la simplicité sont déjà nées sur le sol tourangeau.

Une influence peut-être des écoles voisines, un désir de richesse plus accusée altère légèrement, semble-t-il, cette pureté de goût dans les productions des ateliers de Marmoutier et de Saint-Maurice, un peu plus tardives en général (deuxième moitié du IXe siècle). C'est à Marmoutier qu'appartiennent peut-être déjà le Sacramentaire de Rainaud et la Bible de Charles le Chauve : on attribue à Saint-Maurice un *Sacramentaire* qui est conservé à la bibliothèque de Tours (n° 184), et qui appartint autrefois au chapitre de la cathédrale. Nous en avons reproduit en tête de ce chapitre une lettre ornée, un peu plus chargée que celles de l'Évangéliaire de Saint-Martin, mais d'un agencement de décor ingénieux et d'une élégance très caractéristique.

L'importance exceptionnelle de l'école de miniature carolingienne de Tours a été soulignée dans les savants travaux de M. Léopold Delisle qui ont établi le classement des manuscrits et en ont déterminé les caractères paléographiques. M. Paul Leprieur a indiqué tout récemment sa place et sa valeur artistique parmi les école de peinture du VIIIe et du IXe siècle. M. l'abbé Bossebœuf lui avait consacré aussi dans les *Mémoires de la Société archéologique* une belle étude d'ensemble.

L'influence de cette école fut considérable dans l'art du temps ; elle est sensible jus-que dans les produits des ateliers rhénans. L'école cependant déclina au cours du Xe siècle : l'écriture garde encore sa belle allure dans les productions de cette époque ; mais l'ornementation s'appauvrit et l'on s'aperçoit du trouble jeté dans les ateliers et les monastères par les invasions normandes qui ruinèrent Saint-Martin à plusieurs reprises.

Abside de la Cathédrale.

CHAPITRE II

L'ART ROMAN ET L'ART GOTHIQUE A TOURS
XIIe, XIIIe ET XIVe SIÈCLES

Au moment où s'établit la féodalité, la ville de Tours appartint à des comtes héréditaires que certains considèrent comme les ancêtres de Hugues Capet et des futurs rois de la troisième race. Ces comtes qui étaient également comtes de Blois, durent céder, après des luttes sanglantes, des pillages et des incendies sans nombre, la suzeraineté de la ville de Tours aux comtes d'Anjou. Puis vinrent les rivalités non moins désastreuses entre les rois d'Angleterre et les rois de France. Finalement, en 1205, Philippe-Auguste était maître de Tours et des principales villes de Touraine.

Depuis les terribles sièges soutenus par la cité de Tours contre les Normands, au IXe et au début du Xe siècle, on avait réparé et amplifié sans doute les vieux remparts de la cité: au XIIe siècle, on étendit même notablement l'enceinte vers l'ouest. Mais le chapitre de Saint-Martin avait voulu avoir, lui aussi, une enceinte fortifiée autour de sa basilique reconstruite sur son emplacement primitif et des nombreuses maisons de ses clients : en face de la cité épiscopale s'était élevée une ville forte considérable qui, dans le premier tiers du Xe siècle, prit le nom de *Châteauneuf* : elle le conserva pendant près de cinq siècles avec son indépendance.

De cette enceinte on rencontre encore des fragments dans le quartier de Saint-Martin, la base d'une tour, notamment, au n° 39 de la rue Néricault-Destouches, avec une belle salle voûtée qui paraît dater du XIIIe siècle ; le nom même de Châteauneuf y a été donné récemment à une place voisine des tours de l'ancienne basilique. Cette deuxième ville grandit rapidement , plus active, plus marchande, plus luxueuse que sa rivale, grâce au mouvement des pèlerins, au commerce qui s'ensuivit, aux dons royaux, aux privilèges, aux richesses du chapitre de Saint-Martin, à la prospérité de la bourgeoisie qui se développa sous sa protection et qui bientôt allait revendiquer contre lui ses liberté municipales. Réclamée dès 1122, la commune de Châteauneuf fut sanctionnée par une charte de Philippe-Auguste en 1181.

Les bourgeois de la ville de Tours proprement dite, moins turbulents, moins riches, moins entreprenants et moins nombreux peut-être que ceux de Châteauneuf, vécurent jusqu'au XIVe siècle sous la domination de leurs archevêques dont la puissance, à la fois spirituelle et temporelle, se manifesta surtout par la grande œuvre de l'érection de la cathédrale, édifice religieux et municipal à la fois. Au XIVe siècle seulement, sous la menace des invasions anglaises, ils obtinrent du roi Jean la constitution d'un corps d'élus chargés notamment de procéder à la réunion dans une enceinte commune des deux villes de Tours et de Châteauneuf, englobant les bourgs qui s'étaient constitués dans l'intervalle, autour de l'abbaye de Saint-Julien par exemple, ou bien entre Châteauneuf et la Loire ; celle-ci devenait la limite de la ville au nord. Cette réunion, réclamée par les habitants, ne fut du reste tout à fait réalisée qu'un siècle plus tard, sous Louis XI ; mais ce fut le point de départ, malgré les malheurs du XIVe siècle, de la fortune de la ville, de sa prospérité matérielle et artistique.

Avant d'arriver à l'époque glorieuse du XVe et du XVIe siècle, qui sera la grande époque tourangelle, il faut nous arrêter un moment devant les édifices créés tant à Tours qu'à Châteauneuf pendant la période précédente, celle qui va du XIe au XIVe siècle.

On sait quelle fut, pendant ce temps, la fécondité artistique de la France en général, où tant d'écoles originales d'architecture et de sculpture germèrent et s'épanouirent, quelle fut l'activité de certains foyers d'art comme le domaine royal, en particulier, d'où rayonna, à la fin du XII⁰ siècle, un art nouveau merveilleux destiné à se répandre glorieusement à travers l'Europe. La Touraine ne semble pas, durant cette période, avoir créé de formule qui lui fût très spéciale. Au XII⁰ siècle, elle ne paraît avoir connu ni la hardiesse particulière des constructions bourguignonnes, ni la robustesse des auvergnates, ni la forte sobriété du décor des églises normandes, ni l'exubérante parure, toute pleine d'éléments orientaux, des monuments du Languedoc et de la Saintonge. L'art qui s'y développa est analogue à celui de toute la région ligerine. C'est déjà, autant que nous en pouvons saisir le caractère, un art modéré et élégant, sans qualités extrêmes, où dominent les traditions classiques ; il se relie presque sans interruption aux travaux de la première époque chrétienne, toute latine encore. Les dates de ces édifices romans tourangeaux cependant seraient intéressantes à considérer, si on pouvait les fixer avec certitude : un grand nombre d'entre eux paraissent tout à fait précoces. La basilique de Saint-Martin par exemple, telle qu'elle fut reconstruite au début du XI⁰ siècle, semble avoir précédé et l'abbatiale de Cluny, et Saint-Hilaire de Poitiers, et Saint-Sernin de Toulouse. Malheureusement cette magnifique église a presque entièrement disparu comme aussi la grande église de Marmoutier dédiée à la fin du XI⁰ siècle, et, s'il subsiste encore en Touraine, à Loches, à Ambroise, à Preuilly, etc., des églises importantes de l'époque romane, nous sommes, à Tours, réduits à juger l'art de cette époque par des souvenirs, par des édifices ou même des fragments d'édifices secondaires.

Quant à l'art de la période dite gothique, il semble bien que ni Tours, ni la Touraine, dans les compétitions qui se sont élevées pour en déterminer l'origine, n'ait rien à produire pour disputer aux monuments de l'Ile-de-France leur priorité parfois contestée aujourd'hui. Le système fondé sur l'emploi de la croisée d'ogives et de l'arc-boutant y fut évidemment une importation ; les monuments considérables élevés à Tours suivant ce mode nouveau, appartiennent à la période avancée de cet art plutôt qu'à ses débuts : quelques-uns témoignent d'une influence angevine assez caractérisée et assez naturelle, étant donné la proximité des deux provinces et leurs rapports politiques. Ce qui prouve enfin surtout que ce style nouveau n'est pas une création locale spontanée, c'est qu'en dehors des quelques édifices élevés à Tours dans des conditions spéciales, on en rencontre très peu de spécimens dans les églises rurales de la province ; presque toutes présentent au contraire des parties romanes, amplifiées seulement au XVe siècle.

Aussi bien à l'époque romane qu'à l'époque gothique, les productions de la grande sculpture monumentale paraissent avoir été rares en Touraine : à côté de morceaux décoratifs assez nombreux et assez richement traités, aucun ensemble, aucun fragment même de statuaire ne nous offre ou ne nous rappelle l'équivalent des grandes pages sculptées aux portails de nos églises du Languedoc, de la Bourgogne ou de l'Ile-de-France. Deux statuettes en bois très médiocres, provenant de Saint-Cyr, une Vierge et un saint Jean, jadis debout au pied d'un crucifix, représentent seules au Musée de la Société archéologique la plastique du XIIe siècle ; c'est plus tard seulement que la Touraine connaîtra son école d'imagiers, comme son école de constructeurs, originale et féconde.

Chef-reliquaire de saint Adrien.
Trésor de la Cathédrale.

Quant à la peinture, si les témoignages subsistants en sont rares, il semble cependant qu'elle ait été assez florissante, continuant sans doute les traditions de la grande école carolingienne du IXe siècle. Des restes de fresques bien mutilés nous apparaîtront à Saint-Julien ; on en a signalé des traces aujourd'hui disparues à la cathédrale, un ensemble considérable en subsiste, d'autre part, à la chartreuse du Liget, près de Loches. Quant aux manuscrits, il y a, à la Bibliothèque de Tours, à côté d'un Térence du XIIe siècle (n° 24), plus curieux que beau, un magnifique missel qui provient de Saint-Martin (n° 193) et où figure notamment un Christ trônant de style roman, ainsi qu'une Crucifixion tout à fait remarquable. Le petit séminaire en possédait jadis un autre, antérieur de près d'un siècle, qui appartint à Marmoutier et qui offrait les mêmes représentations, mais avec un caractère plus archaïque et des particularités de décor qui le relient aux manuscrits carolingiens.

L'orfèvrerie et les autres arts somptuaires étaient jadis représentés dans les trésors de la cathédrale et surtout de Saint-Martin, par quantité de pièces magnifiques ; presque toutes furent anéanties dans les pillages qui accompagnèrent les luttes religieuses du XVIᵉ siècle. Le seul objet ancien important que possède aujourd'hui la cathédrale a été retrouvé par un jardinier, en 1827, aux environs d'Esvres. C'est un chef-reliquaire en argent doré qui contenait la tête de saint Adrien et appartenait, croit-on, autrefois à l'abbaye de Cormery. La figure largement modelée et d'un très beau style indique le début du XIVᵉ siècle ; elle n'est pas sans rapport avec certaines figures funéraires du temps où le sentiment de la nature commence à poindre dans l'idéalisme traditionnel.

A peu près de la même époque le Musée archéologique possède une crosse en cuivre que Palustre suppose avoir appartenu à l'évêque Vincent de Pirmil (1257-1279). Elle a été retrouvée en 1882 dans une fouille faite aux Jacobins. On y reconnaît dans la volute les deux figures de l'Annonciation : c'est un spécimen élégant, mais très simple, de l'art du XIIIᵉ siècle,

La plupart des monuments d'architecture que nous allons étudier maintenant, commencés aux XIᵉ et XIIᵉ siècles, furent continués au XIIIᵉ. Nous les prendrons simplement dans leur ordre d'importance sans faire de distinction entre la période romane et la période gothique dont l'une est vraiment la prolongation de l'autre, son développement logique et continu.

La cathédrale primitive avait été rebâtie au VIᵉ siècle par Grégoire de Tours ; elle dura sous cette forme, protégée par l'enceinte fortifiée de la cité, jusqu'au début du XIIᵉ siècle. C'est l'archevêque Hildebert de Lavardin qui entreprit sa reconstruction en 1130. Cette église, élevée sans aucun doute selon les principes romans et voûtée en pierre, brûla en 1166, dans une de ces catastrophes comme en connurent Chartres Reims, etc., si providentielles qu'on les croirait préméditées, au moment même où le nouveau système gothique allait permettre de donner aux nefs des cathédrales la magnificence que l'on sait.

Était-elle achevée ? nous ne saurions l'affirmer. On peut le supposer néanmoins, car on commençait en général les édifices de ce genre par

le chœur, à l'est, et celui-ci comprit les tours de l'ouest qui subsistent
encore sous les remaniements que leur fit subir le XVe siècle. On en
reconnaît parfaitement les robustes assises sur les côtés du portail actuel
Quelques autres indices relevés au transept, notamment un pilier à cha-
piteau de type roman qui se voit à mi-hauteur du croisillon méridional,
ont permis d'affirmer que la nef avait des dimensions identiques à celles
d'à présent, puisque le transept existait déjà à la même place. Nous ne
savons rien de l'abside.

Intérieur de la Cathédrale. — Le chœur et la nef.

Des travaux furent entrepris vers 1170 par l'archevêque Joscius. À
cette époque appartient peut-être la réfection de la voûte que l'on voit
sous la tour nord du portail. Cette voûte, en effet, analogue à celles de
l'Anjou, n'est certainement ni du début du XIIe, ni du XVe siècle. Mais
les ressources manquèrent et c'est au cours du XIIIe siècle, après la prise
de possession de Philippe-Auguste, que les travaux de réédification
commencèrent sérieusement. On ignore à quelle date au juste, on sait
seulement qu'en 1267 le chœur et toute l'abside étaient achevés ; quelques
années plus tard, on rencontre dans un acte le nom d'*Etienne de Mortagne*, qui se dit architecte de la cathédrale. C'est sans doute l'auteur de

ce chef-d'œuvre d'élégance robuste, qui comprend le chœur, le déambulatoire et les chapelles rayonnantes, et dont la disposition, ainsi que le
style des détails indiquent à peu près le milieu du XIII° siècle. Viollet-le-

Intérieur de la Cathédrale. — Bas côté Sud.

Duc admirait la précision et le soin avec lequel cet ensemble avait été
exécuté. « C'est l'œuvre, disait-il, d'un esprit rassis qui possède à fond
son art. » De fait, on n'y rencontre ni la majesté encore un peu lourde
de certaines créations du début du siècle, comme le chœur de Paris, ni la
folle hardiesse de celles de la fin, comme le chœur de Beauvais. C'est
une œuvre de juste milieu, d'esprit classique, pourrait-on presque dire.

A l'extérieur les contreforts et les arcs-boutants avec leur double volée donnent une impression de sécurité, de force nerveuse et contenue. A l'intérieur, les chapiteaux des quatorze colonnes du chœur flanquées de colonnettes offrent une ornementation végétale sobre et gracieuse. Ce ne sont plus les gros crochets gonflés de sève ou les feuillages très stylisés de Notre-Dame de Paris. Les feuilles s'y sont déjà épanouies dans leur vérité, mais sans les complications et les recherches de naturalisme de Reims. C'est dans le même esprit que sont traitées les têtes décoratives qui apparaissent à l'extérieur de l'abside ; elles sont vivantes et expressives, avec un reste de noble gravité.

Mais rien ne surpasse dans cet ensemble la splendide parure des vitraux qui garnissent toutes les fenêtres supérieures du chœur et celles des trois chapelles absidales. L'harmonie des tons bleus et rouges qui dominent est éclatante et chaude et laisse bien loin derrière elle les fades productions modernes de cet art si mal représenté en général à notre époque. Au chœur, des figures de saints, des scènes de la Genèse ou de la Passion paraissent en de petits médaillons quadrilobés dont les sujets sont assez peu lisibles d'en bas, mais ont été relevés avec soin dans un grand ouvrage de Bourassé et Manceau. Dans les chapelles se voient des scènes de la vie de saint Martin, de saint André, de saint Jacques et de saint Jean. On attribue à un artiste nommé *Richard le Vitrier* que l'on sait avoir vécu à côté d'Étienne de Mortagne à la fin du XIIIe siècle, la composition de cet ensemble merveilleux et si intact ; les frais en avaient été faits par des évêques, des abbés, des bourgeois, même des corporations de métiers de la ville.

Les transepts datent des dernières années du XIIIe siècle et des premières du XIVe, ainsi que les deux portails latéraux. La sculpture de ces derniers a été mutilée férocement et méthodiquement pendant les guerres de religion ; quelques cordons de feuillages très élégamment découpés apparaissent encore cependant au portail Sud. Quant à l'architecture de cette seconde partie, les qualités signalées tout à l'heure s'y transforment : on y sent plus de hardiesse, plus d'ambition, moins de certitude et de sécurité ; un accident dut même survenir au cours des travaux : nous en avons la preuve par des textes sollicitant des aumônes, et par le monument lui-même qui présente des adjonctions ressemblant fort à des étais : pour assurer la solidité du transept Nord, on dut ajouter le pilier qui coupe en deux la rose trop gigantesque et aussi les deux énormes arcs-boutants qui enjambent d'une façon inattendue et pittoresque le préau de Saint-Gatien. D'admirables vitraux du XIVe siècle garnissent encore les deux roses. Mais après 1350, les travaux se ralentirent, s'ils ne s'arrêtèrent pas. Nous les verrons reprendre au XVᵉ siècle avec une nouvelle activité. Pour le moment, le chœur et les transepts sont achevés ; mais

Transept nord de la Cathédrale.

la nef est à peine entamée et déjà, peut-être par économie forcée, peutêtre pour rattraper et utiliser les fragments subsistants de l'ancienne église romane, on a rétréci le vaisseau, dont les premiers piliers sont plus rapprochés que ceux du chœur ; on a abandonné ainsi la logique du plan primitif.

Parmi les dépendances naturelles de la cathédrale, le palais archiépiscopal s'était développé tout à côté, dans l'angle du mur gallo-romain, où nous l'avons vu établi précédemment. La seule partie subsistante de l'époque qui nous intéresse est le vaste bâtiment rectangulaire dont le pignon apparaît à côté du chevet de la cathédrale, sur la place Grégoire-de-Tours. Des fenêtres en plein cintre s'y montrent, aujourd'hui murées, et la construction paraît en remonter au XIIᵉ siècle : le rez-de-chaussée contenait, paraît-il, la prison, le premier étage le tribunal ecclésiastique de l'Officialité. La salle a servi longtemps aussi de salle synodale à l'archevêché, puis de chapelle : le caractère en a été du reste complètement transformé.

Aucune n'est demeurée intacte des églises et chapelles qui s'élevèrent autour de la cathédrale, comme Notre-Dame-de-la-Bazoche qui servit d'abri aux reliques de saint Martin pendant leur séjour dans la cité. Seule, la petite chapelle Saint-Libert, située près de la Loire, à l'est du château, se voit encore en partie rue de la Bretonnerie, transformée en remise. C'était un édifice du début du XIIᵉ siècle, assez modeste et sans voûte de pierre ; l'abside a été détruite, mais, sur la façade Sud, au-dessus d'une fenêtre en plein cintre, apparaît encore une corniche décorée de modillons intéressants, représentant des têtes d'hommes, de femmes, des figures monstrueuses ou des ornements géométriques.

Si nous sortons maintenant de l'enceinte de la Cité et si nous nous dirigeons vers Châteauneuf, en suivant l'ancienne voie romaine (devenue la rue des Halles) qui joignait la cathédrale et la basilique de Saint-Martin, nous devrions nous heurter à l'abside de cette dernière. Mais hélas ! une de ces lamentables destructions comme la fin du XVIIIᵉ siècle et le commencement encore du XIXᵉ en ont tant vu, a fait disparaître sous le Directoire, de 1797 à 1799, le magnifique édifice, désaffecté et démeublé par la Révolution ; la rue passe aujourd'hui sur l'emplacement même, sinon tout à fait dans l'axe de la nef de l'église. Celle-ci eut été, par son antiquité, par son ampleur, par l'intérêt de ses remaniements successifs et la richesse de sa décoration, un des monuments les plus dignes de solliciter la curiosité passionnée de l'archéologue et de l'artiste. Il n'en reste plus malheureusement que quelques substructions remises au jour dans les fouilles de 1860 et de 1886 et deux tours encore debout sur les cinq qui s'élevaient au portail, à la croisée et aux extrémités des transepts. La *tour Charlemagne* était au transept Nord, la *tour du Trésor* dite aujourd'hui de l'*Horloge* au côté droit du grand portail.

Nous ne saurions entrer ici dans le détail patiemment reconstitué, un

peu incertain toutefois encore, de l'histoire de Saint-Martin. Nous avons
déjà mentionné la construction commencée par le trésorier Hervé, en
997 : c'est une des premières grandes entreprises architecturales de cette

Cliché Neurdein.

La rue des Halles sur l'emplacement de la nef de Saint-Martin.
La tour du Trésor.

période si glorieuse pour l'art chrétien, la seule véritable *Renaissance*
artistique des temps modernes. A cette construction primitive appartiennent sans doute la base robuste de la tour Charlemagne et les chapelles absidales dont les fondations se voient encore dans la crypte de la
basilique actuelle [1]. L'église d'Hervé, selon Ch. de Grandmaison, était

[1] Celle-ci est beaucoup plus petite et différemment orientée ; mais on a pu en établir

en forme de croix latine, avec une abside accompagnée de collatéraux
et de déambulatoires, et entourée de cinq absidioles, à moins que les
chapelles absidales aient été ajoutées lors d'une des restaurations entreprises au cours du XIe siècle, après et non avant la création-type du chœur
de Saint-Sernin de Toulouse. Quoiqu'il en soit, on travailla encore activement à la basilique pendant le XIIe siècle, et c'est de ce moment que
date la majeure partie des tours subsistantes. Leur décoration, les chapiteaux notamment, dont l'un des plus anciens se voit à la base de la tour
Charlemagne sur la rue des Halles, témoignent d'abord de cette influence
classique persistante que nous notions tout à l'heure ; le type du chapi-
teau à feuilles d'acanthe s'y perpétue avec une pureté rare ; mais on voit
apparaître ailleurs, dans des parties plus récentes, cette décoration naturaliste aux gros crochets bientôt épanouis qui se développera pendant le
XIIIe siècle.

C'est à cette dernière époque qu'appartient sûrement l'étage supérieur
de chacune des tours. Au cours des luttes entre Philippe-Auguste et Jean
sans Terre, en 1202, Châteauneuf avait été livré aux flammes, et l'on dut
réparer et agrandir après cette date l'église de Saint-Martin. On amplifia
notamment l'abside et l'on engloba dans une ceinture nouvelle de chapelles les absidioles primitives. Après le milieu du XIIIe siècle, toutefois,
l'édifice était complet et il subsista à peu près tel jusqu'à la Révolution,
sauf quelques additions, dont la plus importante est le cloître du chapitre, sur le flanc sud de la nef, qui fut bâti et décoré au XVIe siècle.

De l'autre côté de ce cloître s'élève encore la *chapelle Saint-Jean*,
qui dépendait anciennement de Saint-Martin ; elle nous offre un excellent
spécimen du style gothique de la fin du XIIe siècle, tel qu'il s'était mani-
festé dans la basilique elle-même. Presque carrée, une grande verrière
remplaçant l'abside, elle présente sur les côtés quelques robustes arcades
en arc brisé, restaurées du reste récemment.

Au culte de saint-Martin se rattache aussi un édifice, dit le *Petit
Saint-Martin*, encore debout dans la rue du même nom : c'est une chapelle
transformée en magasin de meubles ; de plan très simple et de décoration
presque nulle, elle avait remplacé, au XIVe siècle, un ancien sanctuaire
établi à l'endroit où, suivant la tradition, avait été déposé le corps de saint
Martin, lorsqu'il fut ramené de Candes, où l'évêque était mort.

Aux environs de la basilique de Saint-Martin, églises, collégiales ou
paroissiales, chapelles, sanctuaires de tout ordre avaient pullulé. Tout un

le chœur et le maître autel à la place même où ils étaient anciennement, c'est-à-dire sur
le lieu où reposèrent les restes de saint Martin. Voir plus loin chap. V. p. 145.

peuple de clercs et de moines s'agitait autour de ces reliques, occasion de tant de piété et de bénéfices. Il est superflu de mentionner ici tout ce qui a disparu sans laisser de traces : assez nombreuses sont encore et assez voisines pour nous donner une idée de ce prodigieux entassement, les églises qui subsistent, en tout ou en partie, et dont les besoins du culte n'ont pas réclamé la conservation au XIX⁰ siècle.

L'une des plus anciennes et des plus importantes était *Saint-Pierre-le-Puellier*, reconstruit dans la deuxième moitié du XII⁰ siècle. Le portail existait encore, il y a peu d'années, rue Briçonnet, et l'on en a conservé derrière une maison de la place Plumereau (ancienne place aux Fruits), toute une travée de la nef, enclavée dans une habitation particulière : c'est une construction d'un très beau style, où apparaît dans toute son énergie primitive le principe de la voûte en croisées d'ogives ; on y remarque un groupe de chapiteaux d'une allure magistrale où s'aperçoit de façon tout à fait caractéristique le développement dans le sens gothique et naturaliste de cette décoration classique des chapiteaux de Saint-Martin que nous observions tout à l'heure ; les feuilles d'eau s'y substituent aux acanthes par une espèce de transition insensible et douce qui est bien dans l'esprit de la région.

Plus près de Saint-Martin, aux environs de l'ancienne place aux Légumes, aujourd'hui place de Châteauneuf, se voyait *Notre-Dame-de-l'Ecrignole*, construite à peu près à la même époque que *Saint-Pierre-le-Puellier*. Un pignon qui se voit sur la place, avec des baies en arc brisé, aujourd'hui murées, devait appartenir à une dépendance de l'église, dont quelques pans de murs apparaissent encore sur la rue du Panier-Fleuri. De l'autre côté de cette place, l'église *Saint-Denis*, autrefois paroisse, aujourd'hui écurie de l'auberge de la Croix-Blanche, fut reconstruite, paraît-il, à la fin du XII⁰ siècle ; mais la majeure partie de ce qu'on en voit date seulement du XV⁰ siècle. Non loin de là, après avoir passé la rue du Change, on rencontre l'église *Sainte-Croix*, plus intéressante peut-être, mais englobée dans un grand magasin d'épicerie et où il est peu aisé de se reconnaître ; sur la rue Sainte-Croix, aujourd'hui rue Henry-Royer, apparaît une double baie romane très élégamment décorée qui appartenait à la façade occidentale. A l'intérieur, deux nefs se dessinent encore : celle de gauche, plus basse, maintenue par de robustes arcs doubleaux, est antérieure, semble-t-il, à la pénétration du principe gothique, c'est-à-dire au milieu du XII⁰ siècle ; mais elle se termine par une absidiole dans laquelle les motifs décoratifs de feuillage, aussi bien que les nervures transversales de la voûte, indiquent une époque plus avancée.

Parallèlement, l'autre nef, qui devait être la principale, coupée aujour-
d'hui par des planchers, présente encore une série de belles travées voûtées ; on y reconnaît, de même que dans l'absidiole, les formules à la fois
robustes et élégantes du style gothique angevin qui prévalut à Tours à
la fin du XIIe siècle, sous la domination des comtes d'Anjou. L'église
enfin, sur plusieurs côtés, a été environnée et complétée au XVe et au
XVIe siècle, par des constructions dues aux Briçonnet et aux Berthelot.

L'abbaye de Saint-Julien, établie, nous l'avons déjà noté, entre la cité
de Tours et Châteauneuf, avait des origines fort anciennes, sans avoir un
passé aussi illustre que Saint-Martin ou Marmoutier ; elle avait connu
dès l'époque carolingienne des moments de splendeur et d'activité artistique. Ruinée par les Normands au IXe siècle, elle s'était relevée au Xe,
et c'est une question de savoir si la tour actuelle, sous laquelle se trouve
le porche de l'église, n'est pas celle-là même que fit élever en 966 un certain
abbé Bernard. Divers détails de structure et de décoration très primitive
semblent le prouver, parmi ceux que des restaurations modernes n'ont
pas irrémédiablement altérés.

L'église, cependant, réédifiée à la fin du XIe siècle, s'écroula par une
violente tempête en 1225, et, en dehors de la tour, il n'y a plus que
quelques parties du mur septentrional, qui soient antérieures au XIIIe siècle.
Une reconstruction totale s'imposa : elle s'exécuta assez rapidement du
reste ; car la nef et les transepts sont d'une seule venue. Une légère interruption se produisit peut-être seulement avant que l'abside fut achevée.
Celle-ci, à la différence de l'abside de la cathédrale, fut élevée sur un plan
carré sans déambulatoire : les collatéraux, simples le long de la nef, se
dédoublent à la hauteur du chœur et donnent à celui-ci une importance
considérable par rapport au reste de l'édifice, disposition très naturelle
dans une église d'abbaye. L'ensemble, tant à l'intérieur qu'à l'extérieur,
est d'une grande pureté de style avec les mêmes qualités à peu près que
nous avons relevées à la cathédrale ; l'édifice était peut-être ici quelque
peu antérieur, partant plus simple et plus robuste encore.

Désaffecté à la Révolution, vendu à des particuliers, et utilisé pour des
besoins divers, ce chef-d'œuvre d'architecture risquait d'être anéanti, lorsque, vers le milieu du XIXe siècle, un mouvement d'opinion se produisit en
sa faveur. Des souscriptions s'organisèrent et l'édifice fut restauré par les
soins de l'architecte Gustave Guérin et de l'abbé Plailly, qui fut installé
comme curé dans l'église devenue paroissiale. Le mobilier et la décoration en ont été faits ou refaits à ce moment : l'autel dessiné par Gustave

Guérin, les vitraux de Lobin, les fresques de Douillard sont honnêtes et moyens. Mais l'excellente décoration sculpturale des chapiteaux de la nef, celles des galeries du triforium, où se voient notamment, dans le transept sud, deux cariatides accroupies d'un très bon style, s'est conservée intacte ; les quelques restaurations qui y ont été faites n'en ont nullement altéré le caractère. Au bas de la nef, sous la galerie plaquée au XIII° siècle, à mi-hauteur du vieux mur de la tour romane, se voient encore les traces d'une décoration picturale appartenant à l'église primi-

Cliché Neurdein.

Église Saint-Julien (côté Nord).

tive : ce sont des restes de fresques du XI° ou du XII° siècle, qui représentent des épisodes de l'histoire de Moïse : très difficilement lisibles d'ailleurs aujourd'hui, ils comptent parmi les monuments les plus vénérables de la peinture murale du moyen âge. Ils ont été relevés à plusieurs reprises notamment, par M. de Galembert, lors de la restauration de l'église.

Il reste de l'abbaye, sur le flanc nord de l'église, une belle salle capitulaire qui date de la fin du XII° siècle ; elle est très défigurée malheureusement par l'exhaussement du sol, par les coupures qu'on y a faites, et par l'encombrement qui y règne. Elle servit pendant plusieurs années de salles de séances au Parlement de Henri III, chassé de Paris par la Ligue.

Une autre église monastique s'éleva non loin de Saint-Julien, au cours

du XIII° siècle : c'est celle des frères prêcheurs Dominicains ou Jacobins
qui s'établirent sous Philippe-Auguste près de la Loire, entre l'enceinte de
la cité et la place Foire-le-Roi. Elevée aux frais de saint Louis vers 1260,
leur église, entièrement conservée, sert aujourd'hui de manutention militaire. Ici, point d'édifice ancien à conserver ou à continuer, presque pas de
prétention artistique : la construction fut à peu près toute utilitaire ; elle
consiste uniquement en un grand vaisseau rectangulaire de cinquante-
quatre mètres de longueur, flanqué, sur la moitié environ de son étendue,
d'un bas-côté unique destiné aux profanes, tandis que le reste était réservé
aux religieux. Mais la puissante logique de la construction lui donne une
mâle beauté toute particulière, ainsi que la sobriété austère de sa décoration réduite à quelques chapiteaux entre les deux nefs voûtées en bois, à
quelques larges moulures sur les deux pignons dont l'un est flanqué d'une
tourelle, l'autre percé d'une grande baie, garnie jadis d'un vitrail.

Dans les faubourgs mêmes de l'une et l'autre ville, des chapelles
s'étaient élevées, modestes d'abord, accrues plus tard ou reconstruites
complètement. C'était, à l'ouest de Châteauneuf, Saint-Clément et Notre-
Dame-la-Pauvre, élevée sur l'emplacement du primitif cimetière chrétien
où fut enterré Saint-Gatien, et devenue plus tard Notre-Dame-la-Riche ;
rien n'y subsiste plus de l'édifice du XII° ou du XIII° siècle. A l'ouest de
la cité s'élevait aussi l'église *Saint-Pierre-des-Corps*, dans le faubourg
du même nom ; cette église fut entièrement remaniée par la suite, l'abside
appartient encore cependant au XII° siècle. Dans le voisinage, la chapelle
Saint-Jean-Descous, qui datait également du XII° siècle, a subsisté
jusqu'à ces dernières années, au milieu d'un cimetière, aujourd'hui transformé en jardin public, dénommé parc Mirabeau. Plus au sud, englobés
maintenant dans les nouveaux quartiers, se voient encore entre le chemin
de fer et l'avenue de Grammont, les restes de la maladrerie de Saint-Lazare,
une nef avec pignon sur la rue Blaise Pascal (n° 38) dont la construction
et certains détails encore très lisibles de la décoration accusent les caractères de l'époque romane ; à l'extrémité du Mail, enfin, l'ancien prieuré
de l'Orme-Robert, conserve, profondément transformé du reste, le bâtiment d'une chapelle dédiée à saint Éloi, de construction rude et simple.

De l'autre côté de la Loire, nous rencontrerions, dans le faubourg de
Saint-Symphorien, l'église de ce nom, dont la fondation remonte à
l'époque mérovingienne et dont l'abside et la croisée du transept appartiennent encore à une reconstruction du XII° siècle. L'église fut refaite
aux XV° et XVI° siècles, et, de notre temps, les parties anciennes que nous
venons de mentionner ont été fortement restaurées. A l'intérieur, les deux

groupes de chapiteaux de l'entrée de la nef dont l'un présente une double
sirène très répandue dans la décoration romane de la région de la Loire
et, au dehors, la corniche de l'abside avec ses modillons barbares offrent
pourtant encore un aspect archaïque très sincère et très curieux.

Sur la rive gauche de la Loire, mais en dehors de la ville actuelle,
presque en face de la charmante embouchure de la Choisille, subsistent
aussi de cette époque les restes d'un prieuré de *Saint-Côme* qui

Cliché de l'Auteur.

Abside de l'Église du prieuré de Saint-Côme.

comptent parmi les morceaux les plus importants de l'art roman à
Tours et aux environs. La majeure partie de l'église est détruite ; elle
avait été en partie reconstruite d'ailleurs au XVe siècle ; mais l'abside
en cul-de-four a résisté avec une partie du déambulatoire et une absidiole ; on y remarque, tant à l'intérieur qu'à l'extérieur, plusieurs
corniches, modillons et chapiteaux d'un décor roman très caractéristique.
En dehors de l'église, le temps a épargné aussi un vaste bâtiment voûté
en bois, salle capitulaire, réfectoire ou grange aux dîmes, dont les murs
sont percés de plusieurs ouvertures en plein cintre ; quelques-unes de ces
baies sont richement décorées, dans leurs voussures intérieures, de rosaces.

de palmettes et d'entrelacs ; nous y retrouverions les caractères déjà relevés dans le roman tourangeau à propos de Saint-Martin.

Les constructions civiles sont, comme il arrive le plus souvent pour cette période du XIIe et du XIIIe siècle, beaucoup moins importantes que

Maison gothique rue Briçonnet.

les édifices religieux. Il faut ajouter cependant aux restes de l'enceinte de Tours et de Châteauneuf que nous avons déjà mentionnés une énorme tour carrée que l'on voit encore rue Boucicaut, convertie en habitation. Elle a gardé, à la partie supérieure, sa décoration, ses arcades et ses chapiteaux déjà gothiques : on suppose qu'elle protégeait une des portes de Châteauneuf. Quant au château féodal des comtes de Tours, il est loin d'avoir conservé l'aspect formidable de celui d'Angers, par exemple : il en subsiste seulement quelques pans de murs utilisés dans les constructions

modernes et banales d'une caserne (la caserne Meunier), et plusieurs tours
dont la principale, la tour de Guise, assise sur des fondations gallo-
romaines, présente un couronnement du XVe siècle. On croit que l'édifice
fut construit vers 1160 par Henri II d'Angleterre. Il formait l'angle nord-
ouest de l'enceinte de la cité et commandait un pont de pierre jeté entre
les deux rives de la Loire au XIe siècle, démoli au XVIIIe; on voit affleu-

Ancienne abbaye de Marmoutier. — Portail de la Crosse.

rer les fondations des piles de cet ancien pont par les basses eaux, à peu
près parallèlement au pont suspendu actuel de Saint-Symphorien.

Par contre, un important morceau d'architecture féodale et militaire
est celui qui se dresse encore aujourd'hui à l'entrée de l'ancienne abbaye
de Marmoutier. L'église, dédiée au XIe siècle et commencée de reconstruire
vers 1220, sous l'abbé Hugues Ier des Roches, fut vendue et démolie sous le
Consulat; le réfectoire et les bâtiments abbatiaux, même leurs ruines, ont
disparu au cours du XIXe siècle, et il ne subsiste plus, en dehors d'une tour
carrée adossée au rocher et de quelques fragments de l'enceinte fortifiée,
que ce *Portail de la Crosse* élevé par Hugues des Roches qui fit reconstruire l'église; par sa puissante sobriété, ses lignes austères et robustes, c'est

un type admirable de la plus belle construction gothique. Au-dessus du portail, une galerie éclairée de fenêtres étroites servait à la défense de la porte. Sur le flanc, une tour hexagonale surmontée d'un clocheton dentelé était destinée au service du guet.

Tours conserve nombre de maisons anciennes, mais presque toutes du XVe et du XVIe siècle. A la période qui nous intéresse présentement appartiennent seulement une façade, située au numéro 2 de la rue du Poirier, que ses détails de structure et de décor rattachent à l'art roman, une autre, non loin de là, au 31 de la rue Briçonnet, qui présente une série d'arcs brisés retombant sur des colonnettes à chapiteaux, malheureusement mutilés, mais paraissant bien indiquer la première moitié du XIIIe siècle ; une autre enfin, très simple, mais très robuste, qui se voit au 23 de la rue des Cerisiers. Enfin, on attribue au XIIIe siècle une maison à pignon assez bien conservée, située près de l'église Saint-Denis, aujourd'hui auberge de la Croix Blanche ; on y veut assez communément voir l'ancien Hôtel de ville de Châteauneuf, ce qui n'est que fantaisie ; la maison même dans son état actuel nous paraît appartenir en grande partie au XVe siècle.

Médaille en or exécutée d'après le modèle de *Michel Colombe*
et offerte au roi Louis XII par la ville de Tours.
(Bibliothèque nationale.)

CHAPITRE III

LA GRANDE ÉPOQUE TOURANGELLE
XV° ET XVI° SIÈCLES

Le début du XV° siècle fut une époque de grandes misères pour la
Touraine comme pour la France presque tout entière. Le pays, disputé
entre les Armagnacs et les Bourguignons, fut dévasté par les bandes
anglaises. La ville même de Tours, livrée par la reine Isabeau, fut, après
un siège sanglant, reprise par le dauphin en 1420. Mais à partir de cette
date, malgré les disettes, malgré les épidémies, sa fortune s'en va gran-
dissante. C'est aux environs de Tours, dans le cœur de la France que s'est
réfugiée la monarchie chassée de sa capitale : c'est de Chinon que le
pauvre Charles VII, surexcité par l'enthousiasme de l'héroïne populaire,
part pour reconquérir son royaume ; Jeanne d'Arc passe à Tours en avril
1429, elle y fait décorer son fameux étendard par un peintre de la ville.
Détail touchant, elle songe encore quelques mois après la délivrance
d'Orléans et la chevauchée glorieuse du sacre, à écrire aux élus de la
ville de Tours, ce sont les registres de leurs délibérations qui nous l'ap-
prennent, afin de faire doter la fille du peintre, « pour l'honneur de
Jehanne la Pucelle, venue en ce royaume devers le roy pour le fait de sa
guerre contre les anglais ».

Le « roi de Bourges » devenu le « roi très victorieux » ne fut pas
ingrat envers le pays qui avait été aux mauvais jours l'asile de sa fortune chancelante. Paris, où les souvenirs des Cabochiens et des Anglais

étaient encore trop vivants, fut délaissé et Charles VII résida volontiers à Tours dans le vieux château que baignait la Loire, ou dans la résidence voisine des « Montils » dont son fils devait faire le Plessis-lès-Tours. Il convoqua à Tours les États généraux de 1435 qui sanctionnèrent la paix rendue au royaume, et la ville reconnaissante saisit toute occasion qui se présenta de lui faire fête par des célébrations de mystères, des cortèges, de brillantes entrées solennelles accompagnées de cadeaux magnifiques, dont la tradition se perpétua pendant un siècle.

Louis XI continue à se plaire aux environs de Tours et sa dévotion enrichit les trésors de Saint-Martin, en même temps que sa prévoyance économique développe dans la ville des industries nouvelles comme celle de la soie. C'est lui aussi qui, en 1462, réorganise l'administration municipale : au régime des élus, il substitue un maire assisté de vingt-quatre échevins et constitue définitivement l'unité tourangelle. Charles VIII, élevé à Amboise, accorde sa prédilection à cette nouvelle résidence ; mais la Touraine reste, par suite de la présence de la cour, le véritable centre moral et politique de la France. C'en est aussi le milieu artistique le plus riche et le plus actif : industrie et commerce, métier et marchandise prospèrent à Tours et les arts à leur suite. La ville se pare et s'embellit : les rues sont bien entretenues, les églises et les édifices publics se renouvellent et se décorent magnifiquement. De grosses fortunes se constituent qui permettent à des bourgeois, des gens de finances surtout, de faire bâtir des maisons de ville ou de campagne rivalisant avec celles des nobles et des courtisans logés dans le voisinage du souverain : l'hôtel de Jean Briçonnet, receveur des finances, premier maire de Tours, et celui de Jean d'Orléans comte de Dunois peuvent aller de pair !

Après les expéditions d'Italie de Charles VIII et de Louis XII, le désir de luxe, l'appétit des jouissances extérieures qui se développèrent de plus en plus chez les souverains et dans leur entourage, qui se propagèrent aussi dans la société tout entière, accrurent encore cette activité commerciale, industrielle et artistique dont bénéficiait surtout la grande cité tourangelle. Mais remarquons que le point de départ est antérieur, que l'élan était donné bien avant 1495.

Pendant les dernières années du XV⁰ siècle et les premières du XVI⁰, la mode se transforme : un petit nombre d'ouvriers ultramontains introduits dans ce milieu riche et actif ont apporté des indications de style et parfois des techniques nouvelles. On les suit, car il faut aller avec le goût du jour : dans un pareil milieu, personne ne saurait rester en arrière. Les résistances qui prolongeront ailleurs la vie des vieilles modes et des

méthodes traditionnelles ne sont pas de mise ici. Le goût italien triomphe donc rapidement, du moins en apparence : car presque tout se passe
à la surface ; rien n'altère encore profondément l'originalité de ces ateliers, de ces écoles, constitués dès le XV⁰ siècle, où des formules d'art
s'étaient créées spontanément par suite des besoins sociaux nouveaux, où
mainte œuvre d'esprit plus moderne avait été déjà réalisée ou entamée,
en architecture, en peinture ou en sculpture. Le mot de *Renaissance*, généralement adopté pour caractériser ce mouvement d'art franco-italien du

Portrait de Jean Fouquet (Médaillon en émail du Musée du Louvre).

début du XVI⁰ siècle, est donc aussi impropre que possible et nous nous en
servirons le moins que nous pourrons. Il faut certainement, dans l'étude
de cet art de la grande époque tourangelle, tenir compte du ferment étranger qui s'est introduit arbitrairement, par le hasard des circonstances historiques et non, comme on le dit quelquefois, par une nécessité inéluc-
table ; il faut tenir compte de cet élément italien qui, limité d'abord au
décor superficiel et à quelques œuvres d'exception, va pénétrer de plus
en plus et s'imposer progressivement au cours du XVI⁰ siècle. Mais il faut
reconnaître que l'art en France, en Touraine surtout, était bien vivant à
la fin du XV⁰ siècle et que ce qu'il y a de plus sain, de plus robuste, de
plus fécond dans l'art du début du XVI⁰, vient du tempérament français
qui *continue* à s'y épanouir avec éclat.

Des ateliers italiens s'établissent à Tours, celui des Juste, par exemple ; ils y travaillent abondamment, mais en sous-ordre d'abord, et souvent sur des données françaises qu'ils doivent accepter. Ce sont du reste des ouvriers de second rang et de médiocre talent comme presque tous les Italiens ramenés par Charles VIII, Guido Mazzoni et Fra Giocondo mis à part qui regagnèrent assez vite leur patrie. D'autres vont venir sous François Iᵉʳ, les Serlio et les Primatice, qui ne se contenteront pas d'un rôle secondaire de collaborateurs ou d'indicateurs. Mais c'est dans un milieu différent qu'ils seront appelés à exercer leur virtuosité et leur dogmatisme : avec François Iᵉʳ, en effet, la royauté quitte la Touraine. Louis XII s'était déjà éloigné jusqu'à Blois, François Iᵉʳ, malgré la prodigieuse et coûteuse fantaisie de Chambord, dont il profitera peu du reste, va regagner l'Ile-de-France et c'est Villers-Cotterets, Fontainebleau, Saint-Germain. Madrid, qui vont donner à la France les modèles définitifs de la véritable Renaissance italienne et classique. Remarquons cependant en passant que le château de Madrid, aux portes de Paris, est encore l'œuvre d'un tourangeau, Pierre Gadier, et que des ouvriers tourangeaux, les Lebrun, par exemple, vont porter le concours de leur main d'œuvre à l'exécution des décors du château de Fontainebleau.

Malgré l'éloignement de la cour, le centre d'art tourangeau reste en effet des plus illustres pendant quarante ou cinquante ans, ses ateliers des plus prospères. Les rois de France n'oublient pas complètement leur bonne ville de Tours. Tous y viennent, s'y font recevoir en grande pompe et y séjournent plus ou moins longtemps ; la noblesse et surtout la riche bourgeoisie y ont leurs demeures auxquelles elles sont attachées ; or, les de Beaune, les Bohier, les Berthelot sont des Mécènes qui valent presque les rois de France eux-mêmes. Témoin Semblançay, Chenonceaux et Azay-le-Rideau.

Vers la fin du siècle, à un nouveau moment critique de l'histoire de la monarchie. Henri III, chassé de Paris, songera lui aussi à se retirer sur la Loire. Il viendra installer à Tours, en 1589, son Parlement et sa Cour des Comptes, et Tours, pour quelques mois, deviendra capitale du royaume. C'est au Plessis que le roi de France rencontrera le roi de Navarre et qu'ils se résoudront à marcher ensemble vers Paris. On sait ce qui les y attendait l'un et l'autre. Henri IV, une fois couronné, n'eut d'autre idée que de reconquérir sa capitale, et, dès qu'il y fut entré, il y rappela le Parlement. Tours rentra dans le calme et l'obscurité d'une ville de province. Cet éclat passager n'avait pu du reste y réveiller l'activité, y ressusciter les efforts originaux d'autrefois. De plus, des monceaux

de ruines y avaient été accumulés par les guerres de religion. Au prin-
temps de 1562, notamment, les huguenots de Tours, exaspérés par les
premiéres persécutions de Catherine de Médicis et de Charles IX, avaient
assiégé le clergé catholique dans ses églises, les moines dans leurs monastères, pillé, brûlé, anéanti trésors et œuvres d'art avec une rage folle et
parfois une passion méthodique d'iconoclastes plus terrible encore.

Nous verrons tout à l'heure, en nous promenant à travers les rues de
Tours et dans les campagnes voisines, ce que furent, en architecture, les
caractères de cet art tourangeau du XVe et du XVIe siècle. Malgré les destructions inévitables, d'assez nombreux témoins subsistent pour nous en
montrer le charme original : les traditions de l'âge précédent persistent,
mais, de bonne heure, une grâce nouvelle, plus libre et plus souple, s'y
épanouit ; les constructions civiles surtout, accommodées à des besoins
et à des goûts nouveaux de clarté, de confortable, de gaité et de parure
pittoresque, sont de véritables créations originales, avant comme après
l'invasion du décor à l'italienne. C'est un art nouveau qui se développe
un peu par toute la France à cette date, mais nulle part avec autant de
rapidité et d'éclat qu'en Touraine.

Au contraire, il est bien difficile aujourd'hui de s'apercevoir à Tours
que cette ville produisit au XVe et au XVIe siècle, des écoles de peintres
et de sculpteurs, des ateliers d'orfèvres, d'armuriers, de hûchiers, de tapissiers, de brodeurs, d'où sortirent quantité d'œuvres du plus grand prix,
dans lesquels travaillèrent quelques-uns des artistes les plus célèbres de
la France d'alors, les plus marquants dans l'histoire de notre art national. Toutes leurs œuvres ne sont pas perdues cependant ; mais leur célébrité même en a dispersé un grand nombre dès le temps de leur production ; quant à celles qui avaient orné les églises et les maisons de Tours,
elles ont disparu dans des crises de violences comme les pillages de 1562,
dans des moments de disette pécuniaire, ou dans de longues périodes
d'incurie.

L'histoire de ces artistes et de ces ouvriers, très vantés par leurs contemporains, singulièrement oubliés deux siècles après, a été patiemment
reconstituée par les chercheurs laborieux qui ont exploré les archives
tourangelles, les Salmon, les Lambron de Lignim, les Giraudet, pour
ne parler que des morts, surtout par Charles de Grandmaison, dont les
remarquables travaux ont tant fait pour la remise en lumière et en
honneur du vieil art tourangeau. De divers côtés, on s'est efforcé d'en
retrouver les productions égarées et de reconstituer dans la mesure du

possible l'œuvre à côté de l'histoire documentaire. Tout récemment, l'Exposition des Primitifs français a grandi et popularisé la gloire du peintre tourangeau Jean Fouquet. Pourquoi la ville de Tours n'a-t-elle pas songé encore à réunir, au moins par la reproduction, ses œuvres aujourd'hui universellement reconnues et admirées, à les grouper avec celles de ses élèves, à côté de celles de ses émules, les imagiers tels que Michel Colombe? Pourquoi n'a-t-elle pas constitué à peu de frais un musée permanent de photographies et de moulages qui serait un hommage bien mérité au travail glorieux des artistes et des artisans d'art qui l'ont honorée dans le passé, une leçon salutaire pour ceux du présent et de l'avenir, en même temps qu'un attrait et un enseignement pour les voyageurs et les curieux ?

Nous ne saurions bien entendu donner ici, même en résumé, cette histoire de l'art tourangeau aux XVe et XVIe siècles, dont bien des points demanderaient encore à être éclaircis : nous nous contenterons de quelques indications qui permettront de rattacher aux grandes œuvres détruites ou dispersées les fragments qui subsistent encore çà et là.

L'Adoration des Mages, par *Jean Fouquet*.
Miniature du Livre d'heures d'Étienne Chevalier.
(Musée Condé à Chantilly).

Le nom de *Jean Fouquet* domine l'histoire de la peinture à Tours au XVe siècle. « Il surpasse en talent non seulement tous ses contemporains, mais encore les peintres anciens », écrit Francesco Florio, un Italien, établi en Touraine au XVe siècle. Né probablement à Tours vers 1420,

Fouquet y avait certainement connu des peintres plus âgés que lui, dont
les noms nous sont parvenus, mais dont les œuvres nous échappent.
Hans Polnoir ou *Poulvoir* qui avait peint la bannière de la Pucelle.
Jançon Loysel qui travaillait pour la ville vers 1420. L'un d'eux fut
peut-être son maître. Il fréquenta sans doute aussi les artistes qui, en
Berry, avaient travaillé pour le duc Jean ou ceux qui travaillaient pour
Jacques Cœur. Il rencontra certainement quelques Flamands voyageurs
plus ou moins influencés par l'art de Van Eyck; enfin nous savons qu'il

Cliché Sauvanaud.

Triptyque de l'École de *Jean Fouquet* (Église Saint-Antoine de Loches).

fit le voyage d'Italie et eut l'honneur, à Rome, de peindre l'effigie du
pape Eugène IV, vers 1445.

Avant ou après son voyage à Rome, il peignit le portrait du roi Charles VII que l'on voit au Louvre, plus tard celle du chancelier Jouvenel
des Ursins (au Louvre également), ainsi que le fameux diptyque placé
dans l'église Notre-Dame de Melun par Étienne Chevalier. Celui-ci s'était
fait représenter avec son saint patron, en face d'une vierge à qui l'artiste
avait donné, par ordre sans doute, les traits d'Agnès Sorel (Musées
d'Anvers et de Berlin). Ces effigies, loyales et sobres, d'une sûreté et
d'une simplicité de rendu magistrales, méritent la renommée qu'elles
eurent dès le moment où elles parurent; les mêmes qualités éclatent
dans le petit médaillon en émail où l'artiste nous a révélé lui-même, avec
tant de puissance et de pénétration, sa physionomie rude et fine à la fois,

ses traits massifs de paysan tourangeau, son œil vif et perçant d'observateur attentif de la nature.

Mais c'est dans la miniature que son talent nous apparaît peut-être aujourd'hui, le plus complet et le plus parfait, avec ses qualités d'observation juste et déliée, sa variété infinie, son ingéniosité pittoresque dans la composition, ses ressources de sentiment profond quoique discret, parfois de grandeur réelle et dramatique. La série la plus célèbre de ses miniatures est celle du Livre d'heures d'Étienne Chevalier dont quarante feuillets sont à Chantilly. Mais les Antiquités Judaïques de Josèphe et les Grandes Chroniques de France (Bibliothèque nationale) présentent aussi bien des scènes remarquables, enlevées sur des fonds de paysage que notre Fouquet peignait naïvement d'après la nature familière qu'il avait sous les yeux, d'après les clairs horizons du pays de Touraine. Le procès du duc d'Alençon qu'il représenta en tête du Boccace de Münich et le Louis XI instituant l'ordre de Saint-Michel de la Bibliothèque nationale sont enfin des pages d'histoire de premier ordre.

Fouquet mourut vers 1481 ; mais l'atelier qui travaillait autour de lui continua sa production, dirigé par ses fils. Les autres ateliers également, celui de *Jean Poyet* par exemple dont la renommée égala presque la sienne, durent sentir certainement son influence. *Bourdichon* qui lui succéda dans plusieurs charges officielles, qui travailla pour Charles VIII, pour Louis XII et pour Anne de Bretagne comme peintre et comme enlumineur, s'en ressent encore. Mais son talent, beaucoup plus mou et moins pénétrant, témoigne bien davantage, notamment dans le fameux Livre d'heures d'Anne de Bretagne, de l'influence italienne qui se propage autour de lui.

C'est à cet artiste, ou à quelque autre disciple immédiat de Fouquet, qu'il faut attribuer la seule grande œuvre de peinture de l'école qui ait survécu, le triptyque de Saint-Antoine de Loches. On a proposé aussi de lui donner le charmant petit portrait du dauphin Charles-Orland, fils de Charles VIII, une des perles de l'Exposition des Primitifs, qui avait déjà figuré à l'Exposition de Tours de 1890 et était passé depuis en Angleterre. C'est le prototype, en tous cas, de la lignée des petits portraits fins et élégants du XVIᵉ siècle français et il y a toute chance pour que ce soit l'œuvre d'un artiste tourangeau. C'est à Tours, du reste, au début du XVIᵉ siècle que nous trouvons établi, venu, croit-on, des Pays-Bas, le peintre Jean Clouet. Il s'y marie et son fils François Clouet y vient au monde. Mais ni l'un ni l'autre ne s'y attarderont une fois que la cour aura quitté la province ; on peut considérer toutefois que c'est à Tours

qu'ils avaient pris contact avec la tradition française et trouvé les modèles
de ces qualités de finesse et de sobriété qui les caractérisent.

La famille des Clouet reparaîtra à Tours à la fin du siècle en la personne de leur neveu et héritier, *Benjamin Foulon*, que nous y trouvons
établi, peut-être par suite du déplacement de la cour, de 1589 à 1592.
Vers cette époque, nous y rencontrons aussi deux artistes originaires de
Blois, les *Bunel*, dont l'un au moins, *Jacob*, bientôt rappelé à Paris par
Henri IV, tiendra une assez grande place dans l'art de son temps. Ceux-
ci, comme sans doute tous ceux dont les comptes de la ville de Tours nous
révèlent les noms à partir de 1535-1540, s'éloignent de plus en plus de
la tradition tourangelle, imitateurs dociles et souvent maladroits de cette
école italianisante qui s'est formée autour des rois de France, installés à
Fontainebleau. Il en va de même de ce *Fréminet*, peintre parisien, à
qui est attribué par les inventaires du début du XIX° siècle, un immense
et banal Jugement dernier, venu du Plessis au Musée de Tours. La cou-
leur de cette toile est terne et le dessin plein de violences académiques ;
le morceau est curieux cependant et très significatif.

Malheureusement rien ne subsiste plus à Tours de l'école si brillante
du XV° siècle; tout a disparu des peintures exécutées par Fouquet à
Notre-Dame-la-Riche et si admirées par Francesco Florio, comme de
celles de *Pierre André* à la chapelle du Plessis, de celles d'*Allard
Follarton* à l'ancien hôtel de ville, de celles du Flamand *Copin Delf*
à Saint-Martin. Les collections publiques n'ont même recueilli aucune
épave importante. Seule au Musée, une série de portraits provenant de la
Chartreuse du Liget où figurent Charles VII, Louis XI, avec l'empereur
Charles-Quint, puis tous les Valois, de François Ier à Henri III, nous fait
penser, de très loin, à l'art de Fouquet ou des Clouet. Encore est-elle uniquement composée de répliques curieuses, mais d'exécution médiocre et
tardive.

La Bibliothèque est un peu plus favorisée et, si aucune miniature
n'y peut être attribuée ni à Fouquet ni à Bourdichon, un certain nombre
de beaux manuscrits, provenant soit de Marmoutier, soit de la Chartreuse du Liget, nous montrent au moins des productions intéressantes
des ateliers contemporains ; nous y saisissons parfois comme un reflet du
génie ou du talent des maîtres eux-mêmes. Nous citerons seulement les Pos-
tilles de Nicolas de Lyre (n° 52), exécutées vers 1440 pour un archevêque
de Tours, de soi-disant Heures d'Anne de Bretagne (n° 217), qui furent
en réalité exécutées pour Marie de Rieux et Louis d'Amboise, dans la
seconde moitié du XV° siècle, un Missel de Marmoutier (n° 190) dont les

encadrements et les petites miniatures enfermées dans des lettrines sont souvent d'une grâce délicate et familière, sans grand accent, il est vrai, mais assez touchante. Ce dernier manuscrit au moins appartient bien à la suite de Fouquet. La miniature de tête des *Droits de Louis XI sur la Bourgogne* est un joli morceau de même sentiment, où les figures allégoriques surtout ne sont pas sans rapport avec les célèbres *Vertus* sculptées par Michel Colombe.

Deux beaux volumes enfin sont remarquables autant par leur histoire que par la qualité de leur exécution. C'est un Sénèque et un Tite-Live qui furent confisqués par Louis XI sur le cardinal La Balue, en 1469, et dont l'un fut même achevé pour le roi par le copiste Robert Duval. Le Sénèque n'offre aucune miniature, mais des encadrements d'une somptuosité délicate où jouent des oiseaux, où courent des feuillages légers. Le Tite-Live présente en plus deux magnifiques pages dont l'une nous montre une furieuse bataille entre des Romains et des Carthaginois habillés à la mode du XV° siècle et où paraissent même les éléphants d'Annibal, l'autre une série d'épisodes juxtaposés de l'histoire primitive de Rome, où les histoires de Romulus et de Rémus, de Tarquin et de Lucrèce prennent une physionomie tout à fait singulière sous le pinceau réaliste et pittoresque du miniaturiste. Quel est celui-ci ? Ces miniatures sont de celles que l'on a proposé d'attribuer quelquefois à un nommé Jacques de Besançon, travaillant à Paris, mais que l'on tend à donner aujourd'hui à un certain *maître François*, qui n'est autre, croit-on, que le fils même de Jean Fouquet.

La peinture sur verre, où il peut être parfois si intéressant de chercher les équivalents des fresques ou des grandes compositions disparues, fut très brillamment représentée à Tours au XV° siècle, par Denis Mauclerc. Jean et Michau Duthaureau et, au XVI° siècle, par les Pinaigrier, auxquels on veut attribuer la magnifique série des vitraux de Champigny et certaines verrières de Notre-Dame-la-Riche, par les Courtoys enfin, qui furent en même temps peintres émailleurs et peintres verriers. Il reste malheureusement bien peu de chose de leur abondante production.

L'art de la broderie fut également très florissant à Tours dès le XV° siècle et les rois de France l'encouragèrent par leurs commandes. Au début du XVI°, *Jean Hulot* travaille pour Charles VIII et c'est à un brodeur tourangeau *Jean Galle* que le cardinal d'Amboise s'adresse pour décorer certaines pièces de Gaillon. La renommée de ces ateliers de peinture à l'aiguille persistera même pendant tout le siècle, bien après celle des enlumineurs ruinés par l'imprimerie et des décorateurs supplantés par les Italiens de l'École de Fontainebleau.

La tapisserie elle-même, cette « fresque textile », devint à Tours, au XVIe siècle. l'objet d'une industrie locale. M. l'abbé Bossebœuf a récemment condensé en une copieuse étude les renseignements que nous possédons sur la fabrique de Tours. Il a signalé l'existence de maîtres

Scènes de l'histoire primitive de Rome. Miniature d'un Tite-Live de la Bibliothèque de Tours.
(École de Jean Fouquet.)

tapissiers en Touraine dès le XVe siècle. puis l'installation à Tours d'une manufacture florissante dans le premier tiers du XVIe siècle, probablement sous la protection de ce Philibert Babou. seigneur de la Bourdaisière, à qui François Ier devait. en 1535. confier la direction d'une fabrique royale à Fontainebleau. Ce sont ces ateliers qui tissèrent sans doute les tentures de la vie de saint Saturnin, données en 1527 à l'église de Saint-Saturnin de Tours par le financier Jacques de Beaune (en partie aujourd'hui à la cathédrale d'Angers) et sûrement celles de la vie de saint Pierre. exécutées en 1546 pour l'église Saint-Pierre de Saumur. Ils restèrent pen-

4

dant presque tout le cours du XVIᵉ siècle entre les mains de la famille *Duval*, Jean, puis Marc, Hector et Étienne, ses fils.

On demandait à cette époque les cartons des tapisseries soit à des peintres italiens comme *André Polastron,* qui dessina ceux de Saint-

Vierge de douleur xvᵉ siècle.
Musée de la Société archéologique).

Saturnin, soit à des peintres français comme *Robert Delisle* et *Jean Delatre*, d'Angers, qui exécutèrent le Saint-Pierre. Ceux-ci étaient du reste tout imbus des enseignements italiens. et le style comme le décor de leur œuvre est entièrement à la mode nouvelle.

Parmi les imagiers, le nom de *Michel Colombe* fut de son temps aussi célèbre que celui de Jean Fouquet, son influence aussi étendue, son œuvre aussi caractéristique. Un peu plus jeune sans doute, il était né en 1430, en dehors de la Touraine, dans l'évêché de Léon, en Bretagne : nous sommes très mal renseignés sur les débuts de sa carrière et nous pouvons seulement affirmer qu'il était établi à Tours en 1470 et y recevait dès lors des commandes du roi Louis XI. Il y avait trouvé sans doute des ateliers déjà florissants où travaillaient des artistes comme ce *Guillaume Brassefort*. qui fut appelé un moment à Paris pour exécuter les images du clocher de la Sainte-Chapelle, comme *Jacquet François*. l'aîné peut-être d'une famille d'artistes qui s'alliera plus tard à la sienne, comme *Antoine Lebrun*. tailleur d'images en bois. dont nous avons peut-être au Louvre des fragments de boiseries exécutées pour l'église Saint-Saturnin. Des monuments importants conservés en Touraine, comme le tombeau d'Agnès Sorel à Loches. comme ceux des seigneurs de Bueil. comme le retable de Vernou. nous révèlent la qualité de cette sculpture locale antérieure à Colombe ou contemporaine de ses débuts. On y reconnaît l'esprit réaliste commun à tout l'art du xvᵉ siècle. qui s'est épanoui et accentué dans l'art des sculpteurs bourguignons et qui ici se tempère d'une grâce plus précise. plus sobre et plus fine. Au musée de la Société

archéologique, à côté d'une Vierge portant l'enfant, venant de l'abbaye
de Beaumont, où l'influence bourguignonne est assez facilement saisis-
sable, une Vierge de douleur en bois, donnée par Lambron de Lignim,
nous montre très nettement cette nuance de sentiment plus doux et
plus discret : deux saints Còme et Damien ont la bonhomie tranquille
et peu soucieuse d'expression de certains personnages de Bourdichon.

Les grandes œuvres de
la jeunesse et de l'âge mûr
de Michel Colombe ont
toutes disparu : tel ce magnifique retable ou « tableau
de marbre » de Saint-
Saturnin de Tours, qui représentait la Mort de la
Vierge et fut célébré à
l'envi par les contempo-
rains ; l'un d'eux [1] écrit qu'il
est « estimé par les bons
maîtres et ouvriers qui l'ont
vu, le mieux fait qu'ils
aient jamais vu : car ledit
tableau est fait selon le
naturel et dirait-on proprement qu'il ne reste que la
parole, tant les choses sont
bien faites. Ledit tableau
est tout garni d'or et
d'azur : celui qui le fit s'appelait Michel Colombe,
estimé le plus savant de
son art qui fût en chré-
tienté ».

Cliché de l'Auteur.

Revers d'une figure allégorique de la Prudence,
par *Michel Colombe*.
(Tombeau de François II de Bretagne à Nantes).

Ce qui nous reste de Michel Colombe, « le grand ouvrier », comme
l'appelle un autre, appartient aux dix ou douze dernières années de sa longue carrière, et ne se trouve plus du reste à Tours. C'est d'abord la
médaille dont il donna le modèle et qu'exécuta l'orfèvre Chapillon, lors de
l'entrée du roi Louis XII à Tours, le premier type de la médaille fran-

<hr>

[1] *Thibault-Lepleigney*, La décoration du pays et duché de Touraine, 1511.

çaise à effigie : le portrait du roi y est enlevé avec une sûreté de main et une vigueur saisissantes. Des soixante exemplaires en or qui furent offerts au roi, un seul s'est conservé à notre connaissance : il est aujourd'hui à la Bibliothèque nationale. Vient ensuite ce tombeau si important que la reine Anne fit élever à Nantes à son père François II de Bretagne, travail considérable qui fut exécuté à Tours même, dans l'atelier qu'occupait l'artiste, rue des Filles-Dieu, au faubourg Saint-Étienne, dans le voisinage de la rue Bernard-Palissy actuelle. L'œuvre est complexe avec ses gisants traditionnels et ses Vertus allégoriques debout aux angles du sarcophage ; on sait que Colombe en reçut le plan du fameux Jean Perréal et subit, pour la partie décorative, le concours imposé d'ouvriers italiens à qui on avait songé d'abord à demander le monument tout entier. Enfin, le cardinal Georges d'Amboise ayant demandé à l'artiste en vogue un « tableau d'autel » pour la chapelle de son château de Gaillon, celui-ci, pour le satisfaire, lui envoya de Tours le bas-relief du Saint-Georges qui est maintenant au Louvre.

Tout un atelier travaillait à côté de Michel Colombe. Des correspondances échangées avec Marguerite d'Autriche pour une commande qui du reste n'aboutit pas, celle du tombeau de Philibert le Beau, nous en ont révélé l'existence, presque l'organisation et le caractère. On y voyait un nommé *Jean de Chartres* qui fut, à ce qu'écrit Michel Colombe lui-même, son « disciple et serviteur », pendant une vingtaine d'années ; on y voyait surtout les neveux du maître qui n'était pas marié et n'avait pas d'enfants : les *François*, architectes et décorateurs dont nous retrouverons tout à l'heure les œuvres en place, le peintre *François Colombe*, *Guillaume Regnault* surtout, qui assista le maître pendant près de quarante ans et parait avoir été, comme on dit aujourd'hui, son praticien, ce qui ne l'empêchait pas d'être personnellement un artiste de grande valeur : le monument des Poncher qu'il exécuta après la mort de Michel Colombe, pour l'église Saint-Germain-l'Auxerrois de Paris, nous en est une preuve évidente, depuis qu'une heureuse découverte de M. Louis de Grandmaison nous a permis de le lui attribuer en toute certitude. C'est tout ce monde que désigne le vieux Michel Colombe « âgé de quatre-vingts ans, goutteux et maladif à cause des travaux passés », lorsqu'il assure Marguerite d'Autriche, non sans grandeur et dignité, qu'elle sera servie par des gens « mûrs, graves, savants, sûrs, certains, expérimentés, bien conditionnés et observant leur promesse comme bien raison le veut ».

On peut attribuer à cet atelier, mais rien ne nous autorise à dire au

maître lui-même, ou à Guillaume Regnault en particulier, la partie française du tombeau des enfants de Charles VIII morts en bas âge, qui
fut installé à Saint-Martin en 1506, et se voit aujourd'hui à la cathédrale, seul fragment important conservé à Tours d'une production qui
dut y être considérable. C'est le résultat d'une commande royale faite
dans le même temps et sans doute dans les mêmes conditions que celle
du tombeau de Nantes. Mais la collaboration d'ouvriers italiens à la déco-

Tombeau des enfants de Charles VIII dans la cathédrale de Tours.

ration du soubassement, (peut-être des *Juste*, peut-être d'un nommé
Jérôme de Fiesole ou *Jérôme Pacherot* employé à Amboise, puis à
Gaillon, établi plus tard à Tours) est encore plus sensible ici et leur réussite plus éclatante. Ce sarcophage de marbre, décoré d'amours nus, de
motifs païens et bibliques entremêlés (histoire d'Hercule et histoire de
Samson), de rinceaux délicats d'une exécution amoureusement caressée,
est d'une séduction qui nous explique l'enthousiasme, presque l'égare-
ment de nos compatriotes devant un art si brillant et si facile, tout
imprégné encore de l'esprit du quattrocento italien. On pourrait relever
ici nombre de motifs que les décorateurs français vont imiter dans la

pierre de leur pays, plus ou moins adroitement, avec plus ou moins de souvenirs de leur propre métier et de retours de leur propre esprit. C'est bien un Français en tous cas qui a dû sculpter les deux petits gisants naïfs, enveloppés et comme perdus dans leurs grands manteaux, et les angelots discrets agenouillés sur le sarcophage ; bien qu'un peu plus lourds, ceux-ci témoignent du même esprit que les anges de Nantes et viennent en droite ligne de la tradition de Michel Colombe : sans doute ont-ils été exécutés sous ses yeux et dans son atelier.

On rapporte souvent au vieux maître la direction d'un travail encore visible au milieu d'une place du Tours actuel. C'est la jolie fontaine, dite *Fontaine de Beaune*, du nom du financier qui l'avait fait placer, en 1511, près de son hôtel, sur le « carroy de Beaune ». Déplacée lors du percement de la rue Royale, elle était en magasin pendant la Révolution, ce qui assura peut-être son salut ; elle fut réinstallée sur la place du Grand-Marché vers 1820. Elle se compose essentiellement d'une pyramide en marbre de Gênes décorée de motifs à l'italienne, analogues à ceux du tombeau de la cathédrale et presque aussi habilement traités, quoique avec un peu plus de lourdeur. Sur cette pyramide s'élevait jadis tout un Calvaire en métal doré qui fut détruit en 1562. Le bassin de pierre de Volvic, décoré plus largement de pilastres, de cartouches et de banderolles, subsista. Ce sont les François, Bastien et Martin, qui, bien que qualifiés ordinairement de maîtres maçons, furent payés pour avoir *taillé* les pierres de la fontaine. Ferry Hutel, canonnier du roi, avait fondu les ornements de métal. Pierre de Valence, maître fontainier, s'était occupé des installations hydrauliques. Quant à Michel Colombe, les comptes ne disent pas qu'il ait fait ici autre chose que d'assister à une sorte de commission, réunie sous la présidence du maire pour prendre livraison du travail, et au dîner qui s'ensuivit.

A côté de l'atelier de Michel Colombe, continué par son neveu Guillaume Regnault, et d'où sortirent sans doute encore sous François Ier quelques-unes de ces œuvres délicates et d'esprit traditionnel comme les Vierges d'Olivet et d'Écouen, aujourd'hui au Louvre, comme celles de Mesland ou du château de la Carte, ces deux dernières restées en place, un autre atelier entièrement italien était venu s'installer à demeure à Tours. Les deux frères *Antonio* et *Giovanni di Giusto Betti*, les *Juste*, comme on les appelait, étaient arrivés en France vers 1506 ou 1507. Après les travaux de Gaillon, ils s'établirent définitivement en Touraine où ils reçurent leurs lettres de naturalisation en 1513. La belle étude de Montaiglon, et maint autre texte retrouvé depuis, nous permettent de suivre

leur fortune jusque vers 1578 ou 1580. Aidés de leurs fils, Juste de Juste
et Jean II Juste, ils exécutèrent un grand nombre de commandes très
importantes, comme le tombeau de Louis XII que l'on peut voir à
Saint-Denis, le tombeau de Thomas Bohier pour Saint-Saturnin de
Tours, qui fut détruit en 1562 et dont on a cru retrouver des fragments,
très informes du reste, enfin comme ceux des Gouffier à Oiron. Certains
morceaux décoratifs tels
que le bénitier de Sainte-
Radegonde venant de
Marmoutier, celui des
Minimes du Plessis, au-
jourd'hui dans la chapelle
du Lycée, ou la belle
vasque des fonts baptis-
maux de la cathédrale,
qui fait penser à celles
de certaines fontaines,
sont sans doute aussi
sortis de leur atelier.

Les ateliers français
furent bientôt supplantés
par ces étrangers ; ils
étaient pénétrés du reste
par leurs exemples : quelques morceaux élégants
d'un maniérisme raffiné,
épargnés par les guerres
de religion, nous mon-
trent ce que devint l'art
tourangeau italianisé :

Fontaine de Beaune.

une charmante petite Madeleine se rendant au Sépulcre, par exemple,
figure d'applique en marbre au Musée de la Société archéologique, un
Christ en bas-relief, entouré de pèlerins provenant, parait-il, de Notre-
Dame de l'Ecrignole et actuellement dans les caves du nouveau Saint-
Martin. En dehors de Tours, le sépulcre de Saint-Denis d'Amboise et le
gisant nu qui l'accompagne appartiennent aussi à cette époque où triomphe
le goût italien (ils proviennent tous deux de l'ermitage de Bon-Désir,
chapelle funéraire des Babou de la Bourdaisière, située près de Montlouis) ;
plusieurs noms d'artistes de cette époque nous sont parvenus, ceux de

Guillaume Langevin, Jehan Roy, Guillaume Bourdier, etc., mais sans qu'aucun soit applicable à une œuvre déterminée.

En dehors de la pierre et du marbre, la terre cuite fut assez souvent employée au XVIe siècle par les ateliers de sculpture italiens ou franco-italiens établis à Tours. Des fragments de pilastres à arabesques, retrouvés à Amboise et déposés au Musée archéologique de Tours, nous en assurent ; de même les bustes du manoir de la Péraudière, exposés à Tours en 1890 et le très curieux François Ier en terre émaillée, reproduit ici, qui ornait jadis l'entrée du château de Sansac près de Loches.

D'autre part nous avons donné déjà quelques noms de sculpteurs sur bois ou de huchiers pour le XVe siècle ; nous en aurions encore beaucoup d'autres à citer pour le XVIe. Par malheur, leurs productions qui furent très abondantes et très recherchées ont été dispersées ou détruites. Le musée de Tours renferme quelques meubles, coffres, bahuts, armoires, mais peu importants et sans provenance certaine. Les châteaux des environs, ceux mêmes qui avaient gardé un peu de leur ancienne parure, se sont démeublés lors de ventes récentes. Le beau coffre d'Azay-le-Rideau, heureusement, après avoir circulé quelque temps dans le commerce a fini par entrer au Louvre, grâce à la générosité d'un donateur. C'est une œuvre tout à fait typique de ces artistes français travaillant sur des modèles italiens et y appliquant leurs qualités natives de goût, de soin et d'énergie. Beaucoup d'autres sans doute de ces boiseries à rinceaux ou à médaillons inscrits dans des couronnes qui circulent de par le monde, sous le nom de produits de l'école auvergnate, devraient être rapportées aux ateliers de Tours, si l'origine exacte en était connue ; car c'est en Touraine que se développa surtout le style qu'ils représentent et que se créèrent, sous Louis XII et sous François Ier, les pièces les plus riches et les plus prisées par les amateurs du moment.

Buste de François Ier en terre cuite émaillée (autrefois au château de Sansac, près Loches).

On chercherait plus vainement encore à Tours des traces de l'activité des orfèvres qui y fleurirent pendant cette grande époque. Les trésors de Saint-Martin et de Saint-Gatien qu'avaient enrichis les œuvres d'un *Jean Lambert*, d'un *André Mangot* ou d'un *Jean Gallant* ont été anéantis en 1562. Les quelques pièces qui sont sorties soit des sacristies d'églises ou de communautés, soit des collections particulières, pour les expositions rétrospectives de 1873, de 1887 et de 1890 appartiennent à des dates plus tardives ou proviennent d'ateliers extérieurs à la Touraine : tel le beau calice du couvent du Refuge qui porte la marque d'un orfèvre de Rennes.

Cliché Neurdein.

Coffre du château d'Azay-le-Rideau (aujourd'hui au musée du Louvre).

Enfin ce n'est plus qu'un nom, mais il est important à signaler, que celui de ce *Louis de Laque* dit *Merveilles*, célèbre armurier italien qui travailla pour François Ier et qui était établi à Tours.

Cette revue des arts et des industries de luxe qui se développèrent à Tours au XVe et au XVIe siècle nous a surtout permis de constater et de regretter les lacunes actuelles. Elle était nécessaire cependant pour faire bien comprendre l'activité et la richesse de ce milieu artistique tourangeau dont nous allons maintenant essayer de retrouver le cadre dans les monuments d'architecture plus épargnés par le temps que ceux de la peinture, de la sculpture ou des arts somptuaires.

L'architecture religieuse de la période dite flamboyante est souvent jugée avec sévérité par les archéologues. Il est vrai que ses œuvres n'ont plus la grande et forte beauté de celles du XIIIe siècle. Mais il est inutile de parler pour cela de décadence et d'épuisement. Cet art avait évolué pour s'accommoder à un esprit nouveau, peut-être moins religieux, mais plus pratique et plus amoureux de magnificence extérieure ; encore a-t-on grand tort, selon nous, de considérer toujours les créations luxuriantes du nord de la France ; le voisinage des Flandres y amène fréquemment des complications ou des surcharges qui se rencontrent bien rarement dans notre pays. Il y a une qualité au moins qu'on ne saurait refuser à cet art, c'est la fécondité. La quantité d'églises et de chapelles que l'on construisit, releva, restaura, compléta au XVe siècle est considérable, surtout dans la ville et la région qui nous occupent. De plus les principes gothiques eurent encore assez de vitalité pour résister obstinément pendant presque tout le XVIe siècle aux transformations du goût et aux altérations qu'on leur fit subir : mais on peut dire vraiment que la décadence commença, le jour où, de parti pris, on essaya d'appliquer sur une construction, gothique encore dans son essence, des éléments étrangers à son esprit ; l'architecture religieuse du XVIe siècle a pu créer çà et là des morceaux curieux, des arrangements ingénieux, elle n'a nulle part, pas même en Touraine, trouvé de formule définitive : presque jamais elle n'a laissé une œuvre complète et qui se tienne.

Les travaux de la cathédrale de Tours avaient été à peu près interrompus pendant la deuxième moitié du XIVe siècle : on essaya de les reprendre au début du XVe, mais l'activité n'y fut réelle qu'après 1425. En 1430, la nef était terminée. Malgré ses proportions réduites, cette nef produit encore un grand effet et se raccorde sans trop de heurt avec le magnifique chœur du XIIIe siècle. Mais tout le détail de la construction en est plus maigre, plus aigu ; en même temps, à mesure qu'on se rapproche des tours, la richesse des combinaisons décoratives s'accentue ; les meneaux se compliquent, les profils des moulures se creusent, les feuillages se découpent et se contournent jusqu'à l'épanouissement du portail dont la décoration, sinon le gros œuvre (on avait conservé les tours romanes), appartient au style gothique le plus fleuri et le plus élégant. Un goût austère relèverait peut-être un peu d'excès dans la découpure de ces tympans ajourés, de ces gables, de cette rose, de ces balustrades, de ces revêtements. Nous sommes loin cependant des surcharges et des virtuosités fantastiques d'Abbeville et de Saint-Riquier : on sent ici une grâce légère, un goût nerveux et précis et, dans l'abondance même, un sentiment juste de l'harmonie et de la mesure, qu'il s'agisse des dispositions d'ensemble ou du détail de la décoration.

On connaît les noms des maîtres de l'œuvre qui dirigèrent ce travail.

Cliché Neurdein.

Façade occidentale de la Cathédrale.

c'est *Jean de Dammartin* qui appartenait à la famille d'un des architectes les plus fameux du duc de Berry et *Jean Papin*, mort en 1480, dont l'épitaphe se voit encore en l'église Saint-Pierre-des-Corps. Le charpentier *Guillaume Le Roux* construisit en 1430 la charpente de la grande nef dont l'entrée dans la ville nécessita la démolition d'une partie de l'enceinte.

On sait que l'archevêque Philippe de Coetquis (1427-1441), qui avait poussé les travaux avec ardeur, avait fait mettre ses armes sous le Christ de la porte principale. Mais, en 1486-1488, c'est-à-dire au plein moment de l'activité des ateliers de sculpture tourangeaux, notamment de celui de Michel Colombe, on avait encore fait exécuter nombre de statues, sans doute aux piédroits et aux voussures. Toute cette décoration sculptée disparut sous le marteau iconoclaste des protestants. On a refait au XIXe siècle les statuettes des voussures et placé au trumeau une très médiocre statue d'évêque. Mais il subsiste encore çà et là, surtout au revers des portails, des motifs de décoration végétale d'une délicatesse merveilleuse.

Tout le mobilier intérieur dont nous avons la nomenclature : autels, grilles, jubé, lutrin, tombeaux, etc., a disparu également. Il ne reste du XVe siècle que certains fragments de vitraux qui décoraient jadis les fenêtres de la nef ; ils ont été placés dans la galerie, au-dessous de la rose septentrionale : la rose du grand portail fut mise en place seulement vers la fin de ce siècle. Ces différentes verrières, ainsi que le vitrail qui décore la troisième chapelle du bas côté droit, présentent des tons très vifs, des ensembles décoratifs et lumineux qui rivalisent, malgré le parti très différent, avec les vitraux du XIIIe siècle. Quelques morceaux de dessin serré et réaliste, des anges, des figures de donateurs, celles de la famille de Bourbon-Vendôme notamment, au croisillon Nord, rappellent la qualité de la peinture tourangelle de ce temps.

La partie haute des tours, au-dessus du pignon de la nef, était achevée avant la fin du XVe siècle, mais elle n'avait sans doute pas encore reçu de couronnement, lorsqu'on eut l'idée de remplacer les flèches absentes par deux édicules selon le goût nouveau. C'est *Pierre de Valence* qui dut en commencer l'exécution, avec la collaboration sans doute de ces frères *François* que nous avons déjà vus employés à côté de lui pour la fontaine de Beaune : on croit pouvoir relever leurs monogrammes à la suite d'une inscription de la tour Nord où se lit le nom du chanoine trésorier ; l'un d'eux en tous cas, *Martin François*, est qualifié dans des actes de 1505 et de 1515 de « maître des œuvres de maçonnerie de l'église de Tours ». Ils se chargèrent probablement de l'exécution de la partie décorative où nous voyons apparaître les balustres, les oves, les rais-de-cœur, les denticules, plus haut les dauphins affrontés, tous motifs italiens, empruntés à l'antiquité classique, dont allait se constituer le bagage ornemental de la soi-disant Renaissance française. Çà et là, cependant, dans la dispo-

sition générale ou dans le détail, dans les pinacles à contreforts, et les
gargouilles, ou dans les crochets de feuilles dont s'ornent les arêtes des
dômes, reparaissent les souvenirs encore présents de l'art gothique.

La lanterne de gauche était finie en 1507. On ajouta à cette date, dans

Couronnement de la tour Nord de la Cathédrale.

l'axe de la même tour, un escalier de pierre en spirale, audacieusement
soutenu par des nervures jetées dans le vide, véritable tour de force qui
prouve la virtuosité de ces maîtres de l'œuvre, Pierre de Valence ou
Martin François, et leur confiance dans les procédés qu'ils tenaient uniquement de leurs maîtres gothiques.

La tour du Sud fut achevée beaucoup plus tard, de 1534 à 1547, probablement sous la direction de l'architecte *Pierre Gadier*. Le style clas-

sique s'y affirme beaucoup plus nettement, partout où l'auteur a cru
pouvoir s'écarter sans inconvénient du dessin général adopté pour l'autre
tour. Toute la décoration de la face méridionale du clocher fut reprise à
ce moment et des placages « à l'antique » y furent ajoutés, ainsi qu'une
lanterne qui couronne un escalier d'angle arrêté à mi-hauteur de la tour.
Des statues contorsionnées ou d'une vulgarité épaisse, qui n'offrent plus
qu'un lointain rapport avec les images gothiques, furent placées dans
des niches à la partie haute. Sous une corniche au contraire, une frise
décorée de bustes grotesques, témoigne encore d'une fantaisie vigou-
reuse et parfois d'une verve de ciseau amusante.

Ce couronnement des tours était en assez mauvais état, bien que relativement moderne. Peut-être avait-il été mal conçu pour la résistance
aux intempéries, la logique n'étant plus le fait des architectes de ce
temps. Toujours est-il qu'il a dû subir récemment d'importantes restaurations par les soins de M. Marcel Lambert.

Sur les flancs de la cathédrale, étaient venues se greffer, au cours du
XVᵉ siècle, deux constructions accessoires où les architectes, moins gênés
pour le raccord avec des parties anciennes, avaient pu déployer à l'aise
leurs qualités originales de simplicité élégante et pratique. C'était, d'une
part, sur le flanc Sud, la grande sacristie bâtie en 1458, sous l'archevêque Jean de Bernard et décorée à l'intérieur de nervures soutenues par
des culs-de-lampes d'une fantaisie assez originale, d'autre part, sur le
flanc Nord, les bâtiments de la bibliothèque et le cloître du chapitre.

L'aile occidentale de ce cloître fut bâtie vers 1460 aux frais du chanoine
Raoul Segaler. C'est une construction robuste, mais claire et élégante,
dont l'étage inférieur formait une galerie ouverte par de larges baies en
arc brisé, décorées de crochets de feuilles très corsés et refouillés, mais
sans virtuosités excessives. L'étage supérieur servait, et sert encore, de
bibliothèque au chapitre de la cathédrale. L'accès malheureusement en
est assez difficile aux profanes, et nombre de chanoines paraissent même
en avoir oublié le chemin. C'est pourtant, avec ses sept travées voûtées
sur croisée d'ogives, un endroit exquis que cette longue salle s'ouvrant
sur ce calme et pittoresque préau, dans l'ombre de la cathédrale. La
structure et le décor en sont des plus typiques, et vierges de toute indis-
crète restauration : il n'existe guère à notre connaissance de modèles
plus parfaits du décor gothique sobrement fleuri que ces culs-de-lampe
décorés d'animaux ou de feuillages, de chardon, de vigne, de chou frisé,
de chicorée, l'un même d'un vol de chauves-souris stylisées.

Dans l'aile Nord, la première arcade du rez-de-chaussée est seule du

XVe siècle : tout le reste dût être élevé au début du XVIe : on donne généralement la date de 1513 à 1524 pour ces travaux dont Martin François,
architecte de la cathédrale dût avoir encore la direction ; mais il y eut
sans doute deux périodes distinctes. Pendant la première, la construction des galeries Nord et Est s'éleva suivant le mode gothique traditionnel, puis, peut-être sur l'initiative de Martin de Beaune, fils du financier,
archevêque à partir de 1520, peut-être pour rivaliser avec le cloître du

Bibliothèque du Chapitre et cloître Saint-Gatien.

chapitre de Saint-Martin qui venait de se décorer à la mode nouvelle,
les chanoines voulurent compléter et enrichir ces galeries jusque-là très
simples. Deux travées du premier étage furent bâties sur l'aile Nord, se
raccordant assez mal avec les bâtiments de Raoul Segaler. Le reste
demeura toujours en terrasse ; mais diverses décorations furent ajoutées
ici ou là : des griffes de lion relièrent les contreforts gothiques à des
balustres à l'italienne ; un linteau arabesque fut placé sur la porte extérieure ; plusieurs autres motifs, à l'intérieur, portes, niches, lavabos,
calquèrent tant bien que mal les motifs italiens en vogue, notamment les
rinceaux et les *putti* gras et nus du tombeau des enfants de Charles VIII.
La petite chapelle placée dans l'angle Nord-Est, convertie aujourd'hui en

cellier à bois obscur, se décora de fresques à l'italienne, dont l'une représentant le Massacre des Innocents et la Fuite en Égypte est encore en partie visible, et d'une fenêtre où des meneaux d'allure gothique s'en-

Cloître Saint-Gatien. — Angle Nord-Est.

cadrent dans un chambranle classique décoré de caissons. Enfin à l'intérieur du cloître, on jeta dans ce même angle un gracieux escalier à spirale, jadis tout ajouré et conçu comme celui du château de Blois, son contemporain, mais plus sobre de décor. La partie haute devait former lanterne au-dessus du cloître, car l'étage de l'Est est une addition de 1840, d'une pauvreté insigne.

Un nettoyage et une consolidation s'imposent pour ce délicieux
ensemble où toutes les grâces, toutes les naïvetés de la première Renaissance se marient aux qualités robustes de l'art du XVe siècle ; mais sou-
haitons que ceux qui s'en chargeront aient la main légère et n'en détrui-
sent pas le charme par d'excessives et banales restaurations. Que l'on
n'oublie pas l'exemple tout voisin de cette chaire extérieure de l'archevêché, accrochée vers la même époque au pignon du vieux bâtiment de
l'Officialité! impitoyablement refaite ces dernières années, elle n'offre
plus à l'œil qu'une sculpture sèche et froide avec une reconstitution fan-
taisiste des parties héraldiques.

L'église de Saint-Martin n'avait pas besoin, comme la cathédrale,
d'être achevée au XVe siècle ; les ressources considérables du chapitre
avaient suffi à l'œuvre dès le XIIIe. Aucun accident n'étant survenu, on
se borna donc à l'addition et à la décoration de quelques chapelles. Mais
toutes ont disparu et les détails qui nous ont été transmis à leur sujet
n'ont qu'un intérêt historique. Notons cependant que le chapitre avait
fait placer dans l'une d'elles, après la mort de Charles VII, un portrait
de ce prince qu'il demanda sans doute à Jean Fouquet, et qui, si ce n'est
le tableau conservé aujourd'hui au Louvre, en était très probablement
une répétition. La chapelle fut ornée peu après de peintures du flamand
Copin Delf, aux frais du chanoine Jourdain Dupeyrat (1482). L'enrichis-
sement du tombeau de saint Martin continua également. Charles VII en
1430 avait commandé une nouvelle châsse à l'orfèvre Jean Lambert.
Louis XI voulut avoir sa propre statue en argent massif, en face de la
châsse, et plus tard il fit exécuter par Jean Gallant, une grille en argent
pour enfermer tous ces trésors. On a calculé que la somme dépensée de
ce fait équivaudrait aujourd'hui à plus de deux millions. François Ier, à
court d'argent, fit fondre cette grille, préludant ainsi aux destructions que
les huguenots allaient accumuler en 1562, lorsque leurs bandes, maîtresses
de Tours, après avoir pillé la cathédrale et l'archevêché, s'acharnèrent
sur les trésors de Saint-Martin et ses reliques vénérées.

C'est miracle que le tombeau des enfants de Charles VIII, aujourd'hui
à la cathédrale ait été épargné (l'outrage fait à la monarchie eut été sans
doute trop direct) ; car nombreux sont les monuments funéraires qui
disparurent à ce moment. L'un des tombeaux des Boucicaut fut détruit,
l'autre devait l'être par les révolutionnaires ; il ne reste que quelques
fragments significatifs, mais bien minimes, de ces morceaux magnifiques
de notre sculpture du début du XVe siècle ; on les voit dans le musée

Martinien, médiocrement installé dans la crypte de la nouvelle basilique.

Une seule partie subsiste intacte, ou à peu près, des embellissements de Saint-Martin aux XV" et XVI" siècles, en dehors de quelques logis de chanoines, identiques d'allure et de décor aux constructions civiles du temps : c'est l'une des galeries du cloître édifié sur le flanc méridional de la basilique. Les historiens de Saint-Martin mentionnent la construction des « belles galeries » de 1508 à 1519. Or, dans un texte célèbre de 1511, Bas-

Cloître Saint-Martin.

Cliché de l'Auteur.

tien François, neveu du sculpteur Michel Colombe et frère de Martin François, l'architecte de la cathédrale, est qualifié de « maître maçon de l'église Saint-Martin de Tours ». C'est donc à lui que revient l'honneur de cette création où apparaît exactement le même esprit que dans les œuvres de son frère, avec un peu plus de richesse peut-être et d'exubérance.

Une seule galerie s'est conservée, celle de l'Est. Appuyée jadis au transept de la basilique, parallèle aujourd'hui à la rue Descartes l'entrée est au n° 5 de cette rue elle est englobée dans un couvent et borde un préau très calme où passent les robes blanches des religieuses. C'est un morceau d'architecture et de décoration capital. Bastien François, même dans la construction, a renoncé ici au système gothique : plus de croisée d'ogives

pour soutenir la voûte, plus d'arcs brisés. Chaque travée du cloître est
éclairée par un énorme et lourd arc en plein cintre et limitée par des arcs
doubleaux. Ceux-ci sont réunis par des nervures perpendiculaires formant
des compartiments carrés avec celles qui s'appuyent aux arcs extérieurs.

Galerie du cloître Saint-Martin.

C'est en somme un système mixte qui nous achemine vers la voûte en berceau
décorée de caissons à l'antique qui va bientôt prévaloir: c'est un spécimen de
ces fantaisies architecturales où s'égarent les recherches de nos constructeurs, tout pénétrés encore de l'esprit gothique et soucieux cependant de
sacrifier au goût nouveau. L'effet d'ensemble reste ici très large et imposant.

Quant au détail de la décoration, sauf quelques clefs de voûte où
reparaissent les feuillages gothiques, il est tout entier à l'italienne et

même déjà à l'antique : les volutes, les palmettes, les médaillons nous éloignent de la simple arabesque franco-italienne du temps de Charles VIII et de Louis XII, où l'élément végétal, les fleurettes épanouies, les feuillages à peine stylisés tiennent encore une si grande place : nous arrivons à un décor plus sévère qui sera celui de la Renaissance classique de François Iᵉʳ, surtout de Henri II. Toute cette sculpture décorative est assez inégale : quelques parties en sont d'une exécution minutieuse et charmante, d'autres maladroites et presque caricaturales, certains profils d'empereurs par exemple. Plusieurs des médaillons qui représentent des têtes de morts témoignent d'une étude surprenante de réalisme : d'autres, à l'extérieur de la première arcade vers le midi, nous montrent des imitations flagrantes de plaquettes italiennes : dans l'une, c'est un sujet antique, un satyre et une nymphe, dans l'autre, un jeune homme nu, peut-être un David, qui vient en droite ligne des bronziers italiens. Le tout nous paraît bien évidemment, d'ailleurs, avoir été exécuté par des mains françaises : ce soin ou cette maladresse trahissent l'imitation laborieuse et non l'habileté uniforme des décorateurs italiens qui fournirent sans doute ici les modèles, mais non la mise en œuvre.

L'église abbatiale de Saint-Julien, comme celle de Saint-Martin, était complète et nous n'avons à y noter pour cette époque que l'addition de deux chapelles construites vers 1530-1540, dans le prolongement des nefs latérales ; seuls, quelques détails de structure et de décor permettent d'en discerner la date ; c'est dire qu'elles ne troublent guère l'harmonieuse unité que nous avons relevée plus haut et prouvent amplement la survivance chez certains architectes des procédés et du sentiment de l'art gothique.

Mais d'autres églises s'étaient élevées ou relevées entièrement à cette époque, soit autour de la cathédrale, soit dans les quartiers, plus riches et plus populeux de la nouvelle ville, Saint-Étienne, Saint-Pierre-du-Boille dont le maître de l'œuvre était, en 1496, un nommé Macé Taschereau, Saint-Vincent où les François avaient travaillé, édifices aujourd'hui détruits ou représentés par des débris insignifiants, ne paraissent pas avoir eu une importance considérable. Mais Saint-Saturnin qui a disparu à la Révolution et Saint-Clément qui a eu récemment le même sort devaient être des édifices bien faits pour affirmer la haute valeur de l'art tourangeau à sa plus belle époque, soit par leurs qualités architecturales, soit par l'abondance des œuvres d'art qui y étaient contenues.

Saint-Clément s'élevait au sud-ouest de Saint-Martin, sur l'emplacement d'une partie des Halles actuelles. C'est pour l'établissement ou le dégagement de celles-ci qu'on a fait disparaître il y a une vingtaine d'années, son vaisseau transformé en halle au blé. Construite vers 1462, en grande partie aux frais de Jean Briconnet, l'église avait trois nefs et point d'abside ; de charmantes dentelures ornaient les nervures des voûtes ; un porche, sur le côté droit, présentait un ensemble délicat et gracieux.

Cliché Neurdein.

Façade latérale de Notre-Dame-la-Riche.

Ch. de Grandmaison, dès 1879, réclamait la conservation de ce porche et sa reconstruction, si la nécessité d'une démolition totale s'imposait, dans quelque jardin de la ville. L'idée était excellente ; elle attend encore sa réalisation. Les pierres du porche ont été réservées ; mais on les oublie dans une remise touchant à la Bibliothèque, avec de belles portes en bois garnies de panneaux flamboyants qui mériteraient un meilleur sort, avec les débris d'une tribune en pierre ajoutée vers le milieu du XVI° siècle, l'un des rares spécimens de la Renaissance classique en Touraine. Seule, une très intéressante clef de voûte de la nef, où figurait le buste barbu et mitré d'un Dieu le Père bénissant, a été mise en bonne place au Musée de la Société archéologique.

Quant à Saint-Saturnin, ce fut, au début du XVIe siècle, la paroisse riche par excellence, celle que l'aristocratie et la bourgeoisie tourangelle se plurent à enrichir de leurs dons. Thomas Bohier, le constructeur de Chenonceaux, qui avait épousé Anne Briçonnet, y avait son tombeau sculpté par les Juste, et nous avons mentionné le célèbre retable de Michel Colombe qui ornait l'un des autels. L'église même avait été rebâtie complètement à la fin du XVe et au début du XVIe siècle et le cardinal Briçonnet avait fait élever sur le flanc un magnifique clocher où était placée l'horloge municipale. Ce clocher fut démoli en 1798, ainsi que l'église, dévastée par les huguenots déjà en 1562. On croit en retrouver l'emplacement le long de la rue du Commerce, vers le n° 24 ; quelques vestiges de bâtiments accessoires appartiennent à un confiseur qui a installé sa fabrique de dragées sur le cimetière qui entourait l'église et où dorment les grands bourgeois de Tours du XVIe siècle.

Le spécimen le plus complet aujourd'hui de l'architecture religieuse au XVe siècle est l'ancienne église des Carmes qui porte maintenant le nom de Saint Saturnin. On sait que c'est Louis XI qui fit les frais de sa construction. Elle se compose d'une grande nef large et claire à chevet droit, voûtée en bois, avec un seul bas-côté très modeste (le second a été ajouté au XIXe siècle). C'est une architecture très simple, mais qui révèle bien l'esprit des constructeurs de ce temps : ils semblent aspirer à quelque chose de plus raisonnable, de plus humain ; ils n'ont plus d'ambitions démesurées, ils ne cherchent plus le mystère ni les effets grandioses, ils ouvrent largement leurs arcs et leurs baies à la lumière ; ils sont modestes et pratiques et l'on sent bien que c'est dans les créations d'ordre laïque qu'ils vont avoir l'occasion de donner toute leur mesure. La grande fenêtre de l'abside des Carmes était occupée par une verrière dont on avait demandé le dessin en 1478, un texte retrouvé par Ch. de Grandmaison nous l'apprend, à un peintre d'Orléans nommé *Jean de Paris* : on a supposé qu'il s'agissait là du fameux Jean Perréal, alors tout au début de sa carrière glorieuse.

C'est à *Notre-Dame-la-Riche* que l'on voyait au XVe siècle les peintures de Fouquet vantées par l'italien Florio. L'église, bien que de fondation très ancienne, datait en grande partie du XVe siècle. Elle fut pillée et en partie détruite par les protestants, reconstruite à la fin du XVIe siècle, très restaurée enfin de notre temps. Les portails, le petit porche du midi surtout, sont tout modernes dans leurs détails. L'ensemble toutefois donne bien l'impression du style du XVᵉ siècle. Le transept et le chœur

Portail occidental de Saint-Symphorien.

terminé par un grand mur droit ou plutôt légèrement oblique, est bien un type aussi des conceptions de ce temps. Mais seuls, quelques très bons morceaux de vitraux, échappés par bonheur aux destructions, rappellent un peu les splendeurs de la décoration d'autrefois. Deux fenêtres du bas-côté Sud nous montrent dans des architectures décoratives assez compliquées, la première, saint Virgile et saint Sylvestre, la seconde, la lapidation de saint Étienne et un saint Martin, ayant à ses pieds un donateur en surplis coiffé d'une toque violette : cette petite figure qui représente Martin Briçonnet, curé de la paroisse de 1488 à 1502, est un excellent portrait dans le style de l'école de Fouquet. D'autres vitraux composites, aux fenêtres qui terminent les bas-côtés, offrent des spécimens de l'art plus touffu et plus compliqué du début du XVIᵉ siècle. Une figure de sainte Catherine, du côté gauche, présente toutes les élégances déjà un peu affectées et précieuses de cette époque.

Il faut noter encore pour témoigner de l'activité architecturale de ce temps, les agrandissements et réfections de l'église Sainte-Croix, de l'église Notre-Dame-de-l'Écrignole, de l'église Saint-Denis, dont la nef et une jolie porte ouverte sur la rue du Change sont encore visibles aujourd'hui. L'église du faubourg Saint-Pierre-des-Corps fut considérablement augmentée : un porche élégant y prit place sur le côté comme à Saint-Clément et à Notre-Dame-la-Riche. A l'opposé de la ville, la chapelle du prieuré de Sainte-Anne, près de la porte du même nom, présente encore une jolie abside gothique des premières années du XVIᵉ siècle appuyée sur une nef très simple, dont la première travée seule est voûtée en pierre. Un peu plus loin dans la même direction, l'église du prieuré de Saint-Côme, dont nous avons mentionné les parties romanes, avait vu s'élever aussi une nef dont le mur latéral est encore debout.

Sur l'autre rive de la Loire, Saint-Symphorien nous montre le développement considérable d'une église romane ingénieusement agrandie sur un terrain limité par une route oblique. La majeure partie de ce travail est de pur style gothique et peut dater du XVᵉ siècle ; certaines parties cependant sont postérieures, les voûtes du transept par exemple. Une date enfin, inscrite sur le portail occidental, nous apprend que cet important morceau d'architecture Renaissance fut exécuté en 1531 ; la date de 1507, qui s'y lit aussi sur la base d'une statue, témoigne simplement d'une restauration des sculptures massacrées par les huguenots. Le portail en lui-même est une de ces curieuses combinaisons semi-classiques encastrant dans un arc en plein cintre et des bordures d'arabesques assez élégantes un vitrail coupé par un trumeau dont la disposition rappelle encore les usages gothiques ; c'est le même esprit qui apparaît à cette date dans les collégiales d'Ussé, de Montrésor et d'Oiron ; mais nulle part les agencements ne se répètent exactement : on cherche, on combine sans jamais trouver la formule définitive et satisfaisante. Ici la décoration des caissons qui ornent les chambranles de la porte est à remarquer : elle est entièrement composée sans intervention de motifs païens, avec des accessoires religieux, des instruments du culte. Les boiseries des portes sont frustes et lourdes ; quant aux statues, la Vierge, saint Pierre, saint Paul, elles sont fort médiocres, mais datent évidemment d'une réfection postérieure à 1560 ; elles ne sont même pas tout à fait à l'échelle des niches où on les a placées. Le saint Pierre cependant est encore assez curieux (peut-être n'a-t-on fait que de le réparer en 1567) par la ressemblance lointaine qu'il présente avec celui qu'exécuta sans doute pour le château de Chantelle en Bourbonnais, quelque disciple voyageur de l'atelier de Michel Colombe et l'on peut supposer que les originaux de 1531 étaient sortis de l'atelier constitué par les élèves du grand sculpteur tourangeau.

L'église de Saint-Symphorien, par une fiction administrative, appartient à la ville de Tours ; celle de Saint-Cyr, placée symétriquement sur la même rive, en aval du fleuve, est en dehors de la ville. Nous nous reprocherions cependant de ne pas la citer ici ; car, avec son petit porche latéral, sa nef et son chœur peu élevés, aux voûtes élégantes, aux pénétrations simples et logiques, ses transepts très larges et ses fenêtres claires, c'est un spécimen parfait du meilleur art tourangeau de la fin du XVe et du début du XVIe siècle.

C'est dans l'architecture civile que l'art français du milieu du XVe siècle fit montre des qualités les plus brillantes et les plus originales. Aucun grand ensemble ne subsiste plus malheureusement, à Tours même pour nous en offrir un témoignage éclatant. La maison de ville qui devait représenter la puissance même de la cité tourangelle a disparu. Elle s'élevait jadis sur la Grande-Rue, la rue du Commerce actuelle, au coin de la rue du Boucassin (aujourd'hui rue du Président-Merville). Quant au vieux château royal qu'habita fréquemment Charles VII et où certainement il dut faire exécuter quelques aménagements nouveaux, il n'a rien gardé de sa splendeur passée. Le couronnement seul de la tour de Guise nous prouve qu'on y a travaillé à cette époque.

Dès le temps de Charles VII du reste, le roi se trouvait trop à l'étroit dans cette antique forteresse aux épaisses murailles. Le goût du jour commençait à exiger plus d'air et de lumière, plus de gaîté et plus de confort. Les maisons de plaisance allaient remplacer les forteresses. Charles VII se plaît déjà à sortir de la ville. Il ne fait pas choix encore d'un site bien pittoresque, ni, à ce qu'il semble au moins de nos jours, bien séduisant. C'est aux Montils qu'il s'installe, en rase plaine, à quelques centaines de mètres des murailles de la ville dont l'appui n'est pas encore négligeable : si les bandes anglaises en effet ne courent plus la campagne, il est bon de n'être pas à la merci d'un coup de main tenté par quelque seigneur trop pressé de servir les ambitions du dauphin, le futur Louis XI !

Celui-ci, monté sur le trône, se prend de goût pour les mêmes lieux et y fait bâtir le château du Plessis. La légende a entouré cette résidence d'une réputation terrible, et c'est un lieu commun chez les historiens de parler de la « sombre forteresse » ou de la « froide prison » de Plessis-lès-Tours. Il suffit d'avoir vu ce qu'il en reste pour être désabusé : c'est assez peu de chose, il est vrai, mais très caractéristique. Au milieu d'un bouquet d'arbres, dans cette plaine qui sent un peu trop aujourd'hui la banlieue, mais qui devait être autrefois plus boisée et plus aimable, entre deux horizons de collines lointaines, celles de la Loire et celles du Cher, qui encadrent la large et double vallée de leurs lignes harmonieuses et de leurs tons bleuâtres, s'élève encore le bâtiment principal du château de brique rose et de pierre blanche; les matériaux des autres ont servi à bâtir nombre de murs et de maisons dans le hameau qui s'est installé à la place des dépendances. A nulle conception mieux qu'à celle-ci ne s'applique le jugement si perspicace de Gaston Paris, comparant cette architecture du XVᵉ siècle, à la littérature du même temps. « Les épaisses murailles, les rares fenêtres, les sombres massifs de pierres des forteresses féodales ont fait place à des galeries, à des croisées largement percées, à des tourelles élégantes ; les formes de l'âge antérieur dominent encore l'invention, mais sont avec art et adresse accommodées à des goûts et à des besoins nouveaux. Partout, plus de sécurité, plus de relations, et dès lors, plus de jour, plus d'ouverture d'esprit, plus de variété. La grandeur du XIIᵉ et du XIIIᵉ siècle a disparu... mais dans plus d'une heureuse construction, la sobriété se joint à la grâce pour former un tout qui charme les yeux, s'il ne remplit pas le cœur d'émotion et l'esprit de grandes pensées. » Ce devait donc être, quoi qu'on en pense, une résidence charmante que celle de Plessis-lès-Tours : élevée entre 1453 et 1472, elle marque un progrès sur tout ce que nous pouvons connaître d'antérieur; l'architecte même de l'hôtel Jacques Cœur à Bourges n'avait pas imaginé cette gracieuse combinaison de brique et de pierre dont les tons restés vifs, malgré la patine du temps, s'harmonisent si joliment sous le ciel de Touraine, ces façades toutes simples de lignes avec leurs rangées régulières de fenêtres à meneaux et leurs lucarnes égayant, sans l'alourdir, le comble aigu couvert

d'ardoises. Mais, dès lors, la formule est trouvée : le détail de la décoration pourra changer, le sentiment de l'ensemble comme aussi les détails
de structure, pignons, fenêtres, lucarnes, tourelles à encorbellement, escaliers à vis resteront identiques pendant soixante ou quatre-vingts ans : le
type créé par nos architectes pendant le deuxième tiers du xve siècle se

Château de Plessis-lès-Tours. — Logis du Roi (Façade restaurée).

perpétuera longtemps encore, continuant la tradition française malgré
l'assaut des nouveautés ultramontaines.

Quel avait été le créateur de cette architecture si typique ? Plusieurs
Tourangeaux, Jean Duchemin, Jean Thibault, portent déjà au début du
xve siècle, le titre significatif de maître des œuvres du roi ou du régent
en Touraine. Mais ceux-ci eurent surtout à s'occuper de fortifications et
d'architecture militaire ; peut-être l'un d'eux travailla-t-il au château
même de Tours. Beaucoup plus tard, de 1472 à 1490, nous rencontrons
avec un titre analogue un nommé *Jehan Regnard*. On a supposé avec

quelque raison que c'était lui l'auteur du Plessis et des parties les plus anciennes d'Amboise.

L'architecte royal, quel qu'il fut, avait dû dessiner au Plessis une vaste enceinte ou « clôture » à laquelle travaillaient encore en 1475 les maîtres maçons Jean Pépin et Pierre Bertaut. Cette enceinte, munie de fossés, qui limitait ce qu'on appelait dans les châteaux du moyen âge la basse-cour, a disparu ; mais il est assez facile d'en retrouver la trace. C'est un vaste quadrilatère à l'un des angles duquel, au Sud-Ouest, on voit encore un reste de bâtiment à fleur de terre, peut-être un corps de garde, dont l'imagination des cicérones a fait naturellement le cachot du cardinal La Balue. Le principal bâtiment du château, le Logis royal, est encore debout sur le front oriental, regardant la ville de Tours. Il était complété par deux ailes aujourd'hui démolies, et par une chapelle faisant saillie hors des bâtiments. Au centre de ces bâtiments se trouvait la cour d'honneur entourée d'une galerie à arcades richement sculptées, analogue à celle qui se voit à Bourges au logis de Jacques Cœur, analogue à celle du château de Louis XII à Blois à qui elle servit bien certainement de modèle. La cage de l'escalier en forme de tourelle octogonale, flanquée, dans la partie haute, d'une tourelle ronde plus petite en encorbellement, fait penser aussi à certaines dispositions de Blois. A l'intérieur de cet escalier, plusieurs motifs de feuillages élégants et nerveux nous rappellent la qualité de la sculpture décorative de l'époque. Le corps de logis lui-même, très remanié et transformé autrefois, remis en état avec beaucoup de goût et de discrétion par le propriétaire actuel, le Dr Chaumié, nous offre à chaque étage plusieurs belles salles carrées en enfilades, sans dégagement, éclairées largement sur les deux faces par les fenêtres à croisillons et garnies d'une cheminée d'une sobre élégance.

Entre le Plessis et la ville de Tours, se voit encore une belle habitation de la fin du XVe siècle, la Rabaterie, qui passe pour avoir été celle du compère de Louis XI, Olivier le Daim. Quoi qu'il en soit de cette tradition, le logis très ample, avec son toit aigu, sa tourelle d'escalier et ses deux ailes amorcées sur le corps principal, a grand air encore et vaut d'être considéré.

Plus simple, mais de même allure, est le petit logis situé jadis aux portes de la ville, sur l'ancienne grande route, actuellement rue de Paris, que l'on dit avoir appartenu à la famille Sanglier. Enfin une charmante maison qui dépendait du petit séminaire (rue des Ursulines) avait été élevée évidemment comme les précédentes, à la fin du XVe siècle, en dehors de l'enceinte de Tours, mais tout près encore des murailles, du côté Est. Nous savons qu'elle appartint au XVIe siècle à la famille des

Babou de la Bourdaisière. Sans doute est-ce pour un de ses membres
qu'elle fut construite. Cette « petite Bourdaisière », comme on l'appelait
(les Babou avaient un grand hôtel à Tours et un château dans la vallée
du Cher, au-delà de Véretz) fut cédée en 1613 au tapissier Alexandre
Motheron : plus tard les religieuses Ursulines s'y établirent. Occupée
plus récemment par l'infirmerie du petit séminaire, cette petite maison
calme dans la verdure prenait volontiers l'aspect d'une sorte de bégui-

Cliché de l'Auteur.

La Petite Bourdaisière (Petit-Séminaire).

nage tourangeau : il n'y a rien de plus laïque et de plus gracieux pourtant, que ce logis de brique et de pierre avec sa tourelle d'escalier à poi-
vrière, ses lucarnes et ses larges fenêtres ornées de quelques motifs de
sculpture pleins de verve et d'esprit.

Si nous rentrons dans la ville même, nous allons y trouver mainte
construction de cette époque et de ce style qui fut vraiment le style tourangeau par excellence : il n'y en a pas de plus expressive ni de plus
complète que cette maison à laquelle s'attache bien à tort cette fois le
souvenir d'un serviteur de Louis XI, le bourreau Tristan Lhermite.
Toutes les raisons, souvenirs, allégories que l'on évoque ici à son propos
sont de pure fantaisie. La cordelière est un motif de décoration très fréquent à l'époque, et quant au crochet de la tourelle que l'on montre encore

comme un instrument de supplice, il servait sans doute tout bonnement à
monter les sacs de farine au grenier. De savantes recherches d'archives
et d'ingénieuses déductions fondées sur la devise *Priez Dieu pur*, inscrite sur l'une des façades, ont permis à Ch. de Grandmaison d'indiquer

Cliché Neurdein.

Maison dite de Tristan. — Cour intérieure.

avec une quasi-certitude, le nom de Pierre Du Puy, propriétaire de la
maison en 1495, comme celui du personnage pour qui elle avait été construite quelques années plus tôt.

La rue Briçonnet, dite autrefois des Trois-Pucelles, qui descend des
alentours de Saint-Martin vers la Loire, est aujourd'hui bien déchue de
son ancienne splendeur. Pittoresque et pleine de débris du passé elle
attire le visiteur, mais l'aspect actuel du quartier est assez déconcertant

et il faut un effort d'imagination pour se représenter que ce fut là autrefois, du XVe au XVIIIe siècle, un quartier presque aristocratique, de grande bourgeoisie tout au moins. Le logis de Pierre Du Puy fut l'un des premiers à s'y élever, s'écartant des rues plus marchandes voisines de Saint-

Cliché de l'Auteur.

Cour d'une maison rue Paul-Louis-Courier nº 10.

Martin : c'est l'un de ceux évidemment dont Francesco Florio admirait l'élévation et la belle tournure. De fait il domine encore de son pignon et de sa tourelle de briques tout le quartier environnant. Son pignon sur rue, garni de rampants en escalier, couronne avec élégance la façade extérieure qui est percée au rez-de-chaussée d'une porte en anse de panier décorée de sculptures et de plusieurs fenêtres grillées également ornées. La cour, aujourd'hui restreinte et un peu trop enfermée offre un

ensemble admirablement complet et évocateur avec sa petite galerie,
son puits à margelle sculptée, sa porte d'escalier un peu basse, surmontée
d'un arc gothique et d'un épi de feuillage léger, fermée par une boiserie
ancienne ornée de serviettes ; ses hautes façades qu'égaye le mélange
de la brique et de la pierre offrent çà et là au couronnement des fenêtres,
quelques créations d'un fantastique modéré et spirituel, animal chimérique ou marmouset drôlatique. C'est, adapté à un plan plus resserré, à une destination urbaine et bourgeoise, tout le charme des architectures que nous venons de rencontrer dans les logis royaux ou seigneuriaux des environs. Les appartements, médiocrement occupés aujourd'hui, n'ont presque plus rien à nous montrer et l'on se contentera d'admirer la construction savante de la spirale de briques qui forme l'escalier par où l'on monte au sommet de la tourelle, en remarquant çà et là une porte avec ferrures dont l'élégance simple rappelle encore qu'elle est de la bonne époque.

Cour d'une maison rue Paul-Louis-Courier, n° 10.

Sans avoir la même importance, la maison qui porte le numéro 10 de
la rue Paul-Louis-Courier, avec sa courette séparée de la rue par un mur
élevé au revers duquel court une galerie desservie par deux escaliers
tournants à balustres, avec sa tourelle dont la porte a gardé ses pinacles,
son arc en accolade décoré de crochets de feuilles et surmonté d'un épi
vigoureusement sculpté, offre un ensemble assez pittoresque et complet.

Les autres demeures de ce type sont moins intactes. Le temps en a
rongé les matériaux trop friables ; les lucarnes et les couronnements des
fenêtres surtout, en pierre de Bourré, ont fondu comme neige au soleil, ou

bien d'indiscrètes restaurations ont substitué des à peu près modernes aux documents originaux. Il est intéressant cependant d'en noter ici quelques-unes ; elles sont généralement dans le voisinage de Saint-Martin. C'est, rue Julien-Leroy, au coin de la rue Rapin, un ancien hôtel occupé depuis peu par un marchand de beurre qui l'a vigoureusement nettoyé, mais non transformé. On y voit encore, sur une jolie façade de brique et de pierre, une tourelle d'escalier octogonale qui fait penser à celle de la Petite Bourdaisière et qui a gardé sa porte décorée de pinacles dentelés et de crochets de feuilles ajourées. Non loin de là, l'hôtel de M. Lesourd, habilement restauré et complété, présente encore, sur la place de la Grandière, ancienne place Saint-Venant, quelques parties de construction et de décoration anciennes de même style, de belles et larges fenêtres notamment, avec des culs-de-lampe amusants.

Cliché Neurdein.

Portail sur la place du Grand-Marché.

L'ancienne rue de la Longue-Échelle qui serpentait entre la basilique et l'église Sainte-Croix, élargie malheureusement et rectifiée aujourd'hui, a perdu plusieurs de ses vieux logis. Celui que l'on dit avoir appartenu à Jean Briçonnet, maire de Tours, et qui appartint plus tard en tous cas aux Berthelot, (on sait que les deux familles furent alliées) a subi une restauration radicale. Une maison voisine, sise au chevet de l'église Sainte-Croix et qui faisait peut-être partie autrefois de la même propriété (l'entrée est au numéro 15 de la rue du Change) offre encore un fragment délicat et très intact. C'est une petite pièce voûtée que l'on qualifie d'oratoire et qui sert aujourd'hui de cuisine. Le plafond en est soutenu par des nervures élégantes retombant sur des culots de feuillages qui rappellent ceux du cloître Saint Gatien. On voit à une des clefs de voûte les armes des deux familles rapprochées, ainsi que l'a indiqué M. l'abbé Bossebœuf, par suite du mariage de Jean Briçonnet et de Jeanne Berthelot.

La rue Bretonneau, qui prolonge l'ancienne place du Marché, autrefois rue de la Boule-Peinte, régularisée également en 1860, ne nous offre plus que des hôtels restaurés et presque neufs. Signalons cependant celui du numéro 22 qui a gardé le style des maisons gothiques de la fin du XVe siècle et celui du numéro 33, qui, sur un corps de bâtiment de même style, s'est paré de la décoration franco-italienne du début du XVIe siècle. Une autre maison placée au fond d'une cour, au numéro 29, présente encore un fragment moins refait : c'est une porte d'entrée avec une petite voûte à nervures soutenue par des sculptures grotesques assez curieuses, un fou notamment aux prises avec un tonneau.

Enfin un joli spécimen de cette décoration gothique fleurie se voit à l'autre extrémité du Marché dans ce portail surmonté d'une niche, aujourd'hui vide, flanquée de deux fenêtres très ornées. Il donnait entrée, paraît-il, dans l'ilot de maisons possédé par le trésorier de Saint-Martin. Or, on sait que Jean Fouquet habitait sur ce fief du trésorier, dans la rue, assez éloignée d'ailleurs de ce portail, que la tradition populaire a appelée « rue des Fouquets ». Quant à Bourdichon, il habitait aussi dans les environs une maison de la rue de la Serpe, de l'autre côté de la place du Marché.

Parmi toutes les constructions que nous venons de mentionner, quelques-unes n'ont été terminées, peut-être même commencées, qu'aux premières années du XVIe siècle ; mais c'est précisément à cette date que s'élevaient les bâtiments de Louis XII à Blois, la réussite la plus typique et la plus éclatante de ce dernier style français qui n'est qu'une transformation logique et spontanée de l'art gothique, sans intervention d'aucun élément étranger. Nous allons à présent rencontrer dans quelques demeures tourangelles du temps de Louis XII ou de François Ier, la trace des nouveautés introduites en France par les Italiens. D'anciens logis essaieront parfois de se transformer à l'aide d'additions et de placages au goût du jour. D'autres s'élèveront dont la décoration et la construction seront contemporaines mais dont, seule, la structure intime restera française.

L'*Hôtel Gouin* est le spécimen le plus frappant de ces demeures

gothiques rajeunies à l'italienne. On a renoncé à y voir, comme on le
prétendait autrefois, l'hôtel de Jean de Xaincoings, trésorier des finances
de Charles VII ; mais on admet que le corps de logis qui présente ses
deux façades vers la rue du Commerce et vers la rue Banchereau peut

Hôtel Gouin. — Façade méridionale.

dater du dernier tiers du XVe siècle et aurait été remanié une quarantaine
d'années environ après sa construction. On ignore le nom du premier
propriétaire : M. l'abbé Bossebœuf suppose que la transformation fut
faite, vers 1510 ou 1520, pour un nommé René Gardette, dont la famille
possédait l'hôtel au milieu du XVIe siècle et dont les armoiries se voient
déjà sur une lucarne antérieure à cette date. Les Gardette, famille de
commerçants et de magistrats, habitèrent ici jusqu'en 1621 ; puis, après

avoir connu plusieurs autres propriétaires, l'hôtel passa en 1738 aux mains de la famille Gouin, qui le possède encore.

La façade Nord où se voit la tourelle de l'escalier est celle qui a le mieux conservé l'aspect du logis primitif. Des changements cependant y furent apportés au XVIᵉ siècle : transformation de lucarnes, décoration d'arabesques appliquées sur la porte de la tourelle. Mais c'est la façade méridionale (celle qui regarde la rue du Commerce) qui fut surtout profondément modifiée : on y ajouta l'avant-corps central formant une loge à l'italienne, primitivement ouverte, et celui de gauche qui contient à l'étage un gracieux réduit voûté. Dans les lucarnes complètement remaniées, des restes de décor gothique comme les crochets des rampants paraissent encore ; mais les arabesques des frontons droits sont toutes italiennes, de même que celles des grands rinceaux à enroulements qui courent au-dessous. Cet ensemble séduisant dont le caractère général s'est assez bien conservé, a dû subir dans le détail nombre de restaurations, soit au XVIIᵉ, soit au XVIIIᵉ, soit au XIXᵉ siècle, et celle de 1900, entreprise par M. Hardion, toute savante et respectueuse qu'elle ait été, a dû porter parfois sur des morceaux déjà altérés par les précédentes.

Dans un quartier différent, sur la place Foire-le-Roi, se voit un autre hôtel où certains détails nous rappellent l'hôtel Gouin, des moulures « à l'antique » notamment, composées d'oves et de denticules qui encadrent les fenêtres et forment bandeau sur les façades. Moins complet, puisque la partie centrale en a été entièrement dénaturée au XVIIᵉ siècle, celui-ci a peut-être eu, dans le détail, moins à souffrir des restaurateurs. Autant que nous en pouvons juger, la construction doit en appartenir aux premières années du règne de François Iᵉʳ. Les deux ailes qui encadrent la cour ont encore les combles d'ardoises élevés de l'architecture française. Mais les lucarnes qui s'y adaptent et qui paraissent bien contemporaines de la construction offrent comme élément essentiel de leur décor cette coquille inscrite dans un fronton qui va devenir comme une formule courante à partir de cette date et que nous n'avons pas encore rencontrée à l'hôtel Gouin. Au rez-de-chaussée de l'aile gauche, deux médaillons en marbre s'encadrent de chaque côté d'une grande arcade surbaissée qui devait autrefois former galerie ouverte. Ils représentent l'empereur Galba et Cicéron. Ce sont de ces « antiquailles » fabriquées avec plus ou moins d'habileté, ou importées toutes faites, par les marbriers italiens ; on en voyait des analogues à Gaillon et en bien des châteaux de l'époque ; mais ceux-ci sont d'une exécution tout à fait savante et raffinée.

L'hôtel, qui appartient aujourd'hui à M. Gilet, passe communément

pour avoir été celui de Jean Galland, orfèvre de Louis XI et de
Charles VIII. Cette tradition n'a, croyons-nous, aucun fondement sérieux,
et sans doute, quelque jour, des recherches heureuses nous apprendront-
elles, comme pour l'hôtel Gouin et pour tant d'autres, l'histoire réelle de
cette jolie maison trop né-
gligée jusqu'ici.

Il faudrait bien aussi
qu'une étude minutieuse
nous renseignât complète-
ment sur cette autre
demeure à peu près con-
temporaine, mais singulièrement plus considérable
que toutes celles dont nous
venons de parler. C'est
l'hôtel de Jacques de
Beaune-Semblançay, le fa-
meux financier, dont on sait
l'extraordinaire fortune sui-
vie d'une fin lamentable.
Ce fut, au temps de sa
splendeur et jusqu'à sa
disgrâce, en 1525, un des
personnages les plus im-
portants de la ville de
Tours, un des protecteurs,
un des mécènes, comme
l'on dit, les plus éclairés
de l'art tourangeau. Nous
avons déjà mentionné la
série de tapisseries qu'il

Cliché Neurdein.

Hôtel dit « de Jean Galland », sur la place Foire-le-Roi.

commanda pour l'église Saint-Saturnin et étudié la charmante fontaine
publique qu'il fit élever à ses frais au carroy de Beaune, devant son hôtel.
Celui-ci devait être une des plus somptueuses demeures de la ville; mais
il n'a guère eu plus de bonheur que les châteaux du financier à la Carte
et à Semblançay, disparus ou transformés tous deux : les parties importantes qui en subsistent sont si bien dissimulées par des constructions
plus modernes qu'on passe généralement à côté, si l'on n'est prévenu,
sans s'en apercevoir.

C'est à peu près à l'angle de la rue Colbert et de la rue Nationale actuelle, jadis la rue Traversaine, que s'élevait l'hôtel patrimonial des de Beaune. Au numéro 1 de la rue Colbert, au fond de la cour, on aperçoit encore, en pénétrant dans les bâtiments, des fragments de constructions de brique et de pierre, des voûtes à nervures, quelques motifs sculptés, qui appartiennent à la partie la plus ancienne de l'hôtel (fin du XVᵉ siècle). Sur son emplacement, ou à peu près, un honorable négociant et échevin de la fin du XVIIIᵉ siècle, André-Jérôme Simon, sentimental et voltairien sans doute, comme on pouvait l'être en 1780, se fit élever une belle maison dans l'escalier de laquelle il plaça une inscription commémorative en l'honneur de Jacques de Beaune, rappelant ses services, sa gloire, sa disgrâce et son supplice injuste. « Il était innocent! » dit l'inscription qui enregistre aussi les rimes vengeresses de Clément Marot.

Laissons aux historiens le soin d'éclaircir ce problème de l'innocence ou de la culpabilité du financier accusé de concussion, et cherchons simplement ici les restes de sa munificence.

Hôtel de Beaune. — Détail de la décoration.

C'est au revers des façades solennelles plaquées au XVIIIᵉ siècle pour constituer le décor de la rue Royale et qui anéantirent le pittoresque et la beauté réelle de mainte ancienne demeure, qu'il faut chercher (vers le nᵒ 26) ce qui subsiste des bâtiments commandés en 1507-1508 par Jacques de Beaune, à *Guillaume Besnouard*, architecte de la ville de Tours. Un acte, mis au jour par M. Spont dans sa thèse sur le financier, nous a révélé ce nom et cette date si importants : nous sommes évidemment en présence ici, en effet, d'un des monuments essentiels de l'art franco-italien du début du XVIᵉ siècle, d'un des plus précoces dans la marche vers la véritable Renaissance de l'antique. Le bâtiment principal paraît encore construit à la française, avec ses fenêtres à meneaux, son grand toit décoré de souches de cheminées et de lucarnes. Mais l'aile en équerre qui comprenait une galerie, au rez-

Hôtel de Beaune. — Galerie du 1ᵉʳ étage.

de-chaussée, et la chapelle, au premier étage, est d'un style beaucoup plus avancé : elle témoigne au moins de recherches toutes nouvelles. Les colonnettes qui supportent l'entablement de la galerie sont surmontées de chapiteaux ioniques relativement très purs. On voit, au-dessus, des médaillons d'empereurs romains de très bon style, et une frise ingénieuse, mais sobre, composée d'une cordelière et d'ailes d'oiseaux symboliques. Au premier étage, les fenêtres ont encore des meneaux rappelant ceux des fenêtres gothiques ; mais le dessin en est très assagi et régularisé. Elles sont de plus séparées par des pilastres presque nus à chapiteaux composites. Tout cela forme une combinaison très personnelle, beaucoup plus originale, plus sobre et déjà plus classique que les travaux des François qui sont pourtant contemporains. Les détails d'ornementation du bâtiment principal, les chapiteaux, les moulures semblent témoigner du même esprit élégant et personnel, mais visant à la régularité et à la sobriété. Il faut remarquer du reste que certaines parties de cette décoration ont été remaniées un peu plus tard. Jacques de Beaune, par manière de flatterie pour François Ier, fit ajouter dans les lucarnes des salamandres qui les surchargent un peu.

C'est du règne de François Ier que date aussi un corps de bâtiment, parallèle, celui-ci, à la rue Colbert et à l'aile de la chapelle ; la mère du roi, Louise de Savoie, très favorable à ce moment au financier, lui avait fait don, en 1517, de l'hôtel de Jean de Dunois qui datait du XVe siècle et dont quelques vestiges se voient encore dans la cour du numéro 15 de la rue Colbert. Jacques de Beaune fit alors élever ce bâtiment qui rejoignait l'hôtel de son père et celui de Dunois, et encadrait ainsi avec les précédents une vaste cour et peut-être des jardins ; la façade en subsiste encore, mais un peu remaniée, dans la maison de M. Vincent, notaire ; elle porte la date de 1518. Les prétentions classiques, qui s'indiquaient dans le bâtiment de 1508, s'affirment ici davantage : plus d'arabesques, mais des pilastres, quelques-uns cannelés, qui s'ordonnent régulièrement à chaque étage, absolument comme dans les constructions italiennes.

Les Jésuites s'installèrent en 1632 dans l'hôtel de Beaune dont les dépendances s'étendaient au delà de la rue Saint-François actuelle ; ils construisirent un peu plus tard leur lourde chapelle, à la suite de l'aile de 1508. Celle-ci servit au XIXe siècle de presbytère, quand l'ancienne chapelle des Jésuites fut devenue l'église paroissiale Saint-François. Lorsque Saint-François eût été abandonné pour Saint-Julien restauré, l'hôtel de Beaune fut menacé de destruction. La partie principale fut heureusement restaurée en 1869 par M. Contremine, architecte à Tours. Mais il est scandaleux qu'on ait pu installer depuis lors dans la cour un hangar énorme, à un mètre à peine des façades, et que les difficultés d'accès laissent ignorer au public, en plein centre de Tours, un des monuments civils les plus intéressants du XVIe siècle français.

En dehors de ces trois ensembles qui nous ont retenus longuement, *l'hôtel Gouïn*, *l'hôtel dit de Jean Galland*, et *l'hôtel de Beaune*, on pourrait encore citer un grand nombre de constructions civiles de cette époque soit dans le cœur de la ville, soit vers la périphérie, le prieuré de Saint-Eloi par exemple et celui de Saint-Côme où habita Ronsard. Mais elles sont plus ou moins mutilées ou transformées. Il convient cependant de mentionner l'hôtel de Thomas Bohier, le constructeur de Chenonceaux. Il était situé au numéro 13 de la rue des Halles, et les dépendances en communiquaient d'autre part avec le cimetière de Saint-Saturnin ; le bâtiment principal a été transformé complètement au

Cliché Peigné.

Cheminée de l'hôtel de la Boule-d'Or.

XVIIIe siècle. Une hypothèse, un peu hardie peut-être, voudrait que les constructions de l'hôtel de la Boule-d'Or et la belle cheminée qu'elles contiennent aient fait partie de cette vaste et somptueuse demeure. Cette cheminée, restaurée et complétée de notre temps, surtout repeinte et redorée, est un des rares morceaux de décoration intérieure qui aient subsisté à Tours de cette époque, avec un fragment décoré d'un médaillon à l'antique, visible dans un coin sordide de la rue du Poirier. Elle est conçue tout à fait dans l'esprit des maîtres décorateurs tels que les François. Les motifs d'arabesques légères, de vases, d'oiseaux, de masques, de dauphins, rappellent les œuvres les plus célèbres de ces derniers.

L'hôtel de la Bourdaisière s'éleva en 1524, au moment même de la dis-

grâce de Jacques de Beaune, pour Philibert Babou dont la faveur grandis-
sait et à qui le roi avait concédé des terrains à l'extrémité sud de la place
Foire-le-Roi. François I⁰ʳ y descendit en 1542; plus tard, les gouverneurs
de Touraine s'y installèrent. Il a été démoli en 1820 ; à peine un pignon
et une tourelle subsistent-ils, masqués par de médiocres constructions ;
une hideuse façade de la Restauration gâte surtout l'extrémité de cette

Cliché L. Nouveau.

Cour d'un ancien hôtel rue du Cygne, n⁰ 27.

jolie place sur laquelle une fontaine de marbre s'était aussi élevée au
XVIᵉ siècle, ornée par le ciseau des Juste. Il n'en subsiste plus trace
aujourd'hui.

Ch. de Grandmaison regardait comme une dépendance de l'hôtel de la
Bourdaisière les bâtiments du XVᵉ et du XVIᵉ siècle qui se voient encore
au 27 de la rue du Cygne. Ils en paraissent un peu éloignés et nous
croirions plutôt à une demeure indépendante : quoi qu'il en soit, la tourelle gothique où montent les glycines et les bignonias, le logis aux vastes
fenêtres, la galerie murée et mutilée, où un masque en plâtre moderne
rappelle le souvenir de François Iᵉʳ, mais dont les pilastres sobres et élé-

gants, les cartouches et les essais de cariatides à l'antique nous prouvent bien plus sûrement qu'elle a été ajoutée là, vers 1530 ou 1540, tout cela constitue un ensemble des plus pittoresques et des plus charmants.

Dans le quartier de Saint-Martin où nous avons trouvé tout à l'heure

Cliché de l'Auteur.

Hôtel Cottereau. Détail de la galerie sur la cour.

de si jolies maisons gothiques, *l'hôtel de l'Arbalète*, *l'hôtel de Maillé*, dans les rues du même nom, seraient à considérer, quoiqu'en bien mauvais état. Au numéro 20 de la rue du Commerce, une longue allée, dont une partie offre une voûte à caissons, mène vers l'emplacement de Saint-Saturnin, et permet d'apercevoir les restes d'un hôtel avec galerie qui peut dater des environs de 1540. C'est celui qu'on appelle quelquefois *l'hôtel des Trésoriers*. La Renaissance classique s'y annonce déjà, de même

que dans la façade à deux rangs d'arcades superposées de la rue du
Petit-Soleil, où Ch. de Grandmaison voyait une création de l'époque de
Henri II, et que nous serions tentés de rajeunir un peu moins.

Un fragment de tout premier intérêt se voit aussi rue des Trois-Écri-

Cliché Peigné.

Angle de la rue du Change et de la rue de la Monnaie.

toires, au numéro 3. Cette maison sans aucune apparence sur la rue appartint aux *Cottereau* dont plusieurs furent maires de Tours ; un couloir,
dont le plafond est garni de caissons portant les emblèmes héraldiques
des anciens propriétaires, conduit sur la cour à une petite galerie dont
les colonnes régulières et nues nous font songer à l'Italie ; plusieurs morceaux de décoration exquise y apparaissent, mais surtout un couronnement de porte où un buste d'homme en costume civil, peut-être un por-

trait, s'inscrit dans un décor classique, et rappelle certaines figures réalistes de la décoration de Blois sous François Ier. ou la série bien connue des bustes du château de Montal.

Enfin, dans la rue Paul-Louis Courier, à côté d'une maison en pierre

Cliché de l'Auteur.

Rue du Grand-Marché.

(n° 17), que Ch. de Grandmaison avait reconnue dans les derniers temps de sa vie pour être celle du sculpteur Juste de Juste l'un des derniers représentants de la famille, et qui présente quelques jolis détails d'inspiration et sans doute même d'exécution italienne, en face du logis XVe siècle que nous avons déjà mentionné, se dresse la façade plus austère de l'hôtel Robin-Quantin, dont M. l'abbé Bossebœuf fait remonter la construction aux dernières années du XVIe siècle. La petite cour, un peu étroite, avec ses fenêtres ornées de mascarons antiques, n'a plus la grâce charmante de l'époque qui finit ; le bâtiment dans sa sévérité classique garde encore cependant quelque chose des traditions tourangelles. Certaines parties en appartiennent évidemment aux premières années du XVIIe siècle : nous y reviendrons tout à l'heure.

Toutes ces maisons, hôtels ou fragments d'hôtels que nous avons examinés un à un, pour la note d'art qu'ils représentent, sont reliés les uns aux autres par des débris moins importants ; ils bordent des rues étroites et tortueuses ou des courettes encombrées et constituent par leur groupement des ensembles infiniment pittoresques et évocateurs de la vie d'autrefois. Un inventaire détaillé de tous ces vestiges du passé qui malheureusement disparaissent progressivement par la vétusté, la manie du rajeunissement, souvent par les nécessités de l'hygiène, s'impose à l'attention des archéologues tourangeaux. Mais le *curieux*, le simple passant y trouve en attendant des surprises toujours nouvelles et des occasions de découvertes incessantes, des ressources multiples en tous cas pour prolonger sa flânerie dans ces vieux quartiers de Saint-Martin, des alentours de la cathédrale ou de la place Foire-le-Roi. Les faubourgs même de la Riche, de Saint-Pierre-des-Corps ou de Saint-Symphorien, offrent encore des séries de maisons anciennes intéressantes. Mais ce sont surtout les vieilles rues au nom pittoresque des environs de Saint-Martin, rue du Panier-Fleuri, rue des Trois-Pavés-Ronds, rue de la Cuiller, rue de l'Arbalète, rue de la Serpe, rue du Change, rue de la Monnaie, d'autre part celles des environs de Saint-Julien et de la cathédrale, les rues de la Moquerie, du Cygne, des Bouchers, de la Bazoche, du Petit-Cupidon, etc., qui offrent les aspects les plus séduisants et les constructions les plus caractéristiques.

Parmi les maisons à pignon, à pans de bois, aux façades souvent recouvertes d'ardoises, nous indiquerons seulement celles de la rue du Grand-Marché et de la place Plumereau, celle surtout qui fait l'angle de la rue du Change et de la rue de la Monnaie et dont le coin est orné d'un groupe sculpté en bois, celle de la rue de la Riche, presque en face l'église, remarquable par ses sculptures, celles enfin du bas de la place Foire-le-Roi et de la rue Colbert, au lieu dit les Patenôtres-d'Or, et nous laisserons au promeneur la joie de découvrir encore ici ou là maint pignon, mainte tourelle, mainte lucarne qui auraient valu d'être signalés.

Cliché Neurdein.

La place Choiseul et la Tranchée.

CHAPITRE IV

LES TEMPS CLASSIQUES
TOURS AUX XVIIe ET XVIIIe SIÈCLES

Dès la fin du XVIe siècle, c'en est fini de l'art tourangeau proprement dit. Tours, en matière d'art, comme en matière politique va suivre docilement et médiocrement la fortune de la France monarchique et classique. La centralisation politique commencée par François Ier, accentuée sous Henri IV, définitivement réalisée par Richelieu et par Louis XIV, eut comme corollaire la réunion autour de la royauté des forces vives de l'art français tout entier et l'unification de celui-ci dans la formule classique qu'acceptèrent docilement les artistes enrégimentés au service de la monarchie toute-puissante. Ce qu'il faut chercher en province pour l'époque qui va nous occuper maintenant, ce sont donc presque partout les applications d'un art classique généralisé, dont les principaux ouvriers, dont les théoriciens, dont les plus parfaits modèles sont à Paris ou à Versailles, ce sont parfois les déformations que subit cet art dans tel milieu dont le tempérament original n'est pas encore entièrement annihilé.

Malgré son passé glorieux, malgré la facilité même avec laquelle elle avait accepté jadis les prémices de l'art italo-antique, la Touraine et en particulier la ville de Tours, n'offrit guère pendant près d'un siècle un terrain favorable à l'éclosion des œuvres d'art, quelles qu'elles fussent. D'abord, en dépit des efforts de Henri IV pour ramener le calme et la prospérité dans le pays, la terrible secousse des guerres de religion s'y prolongea longtemps encore. Un fort parti protestant était resté dans la ville et des troubles, des émeutes suivies de répressions brutales en troublèrent la paix au cours du XVIIe siècle, jusqu'au jour où la révocation de l'édit de Nantes vint la priver d'une partie de sa population industrieuse et artiste. De plus, les taxes et les contributions imposées par le roi pour subvenir aux frais de ses guerres continuelles pesèrent lourdement sur la ville. Le clergé même dut à certains moments faire le sacrifice de ses argenteries qui furent portées à la Monnaie. La misère fut très grande pendant tout le règne : les disettes, les épidémies, les calamités inévitables aussi, inondations, hivers rigoureux, l'augmentèrent encore. Les fêtes et réjouissances de rigueur à chaque événement heureux pour une monarchie, qui, depuis la minorité de Louis XIII, n'avait jamais reparu dans sa bonne ville, étaient enfin une source de dépenses très onéreuses pour la municipalité dont les finances se trouvaient dans un état déplorable. C'est un fait significatif que celui de l'inachèvement, persistant pendant un siècle, de cet arc de triomphe projeté à la gloire de Louis le Grand et démoli vingt ans avant la Révolution : les modèles de sculptures demandés pour ce monument officiel au troyen Girardon, ne furent jamais exécutés faute d'argent, et nous ne les connaissons que par les devis et les projets dessinés.

Pendant tout le XVIIIe siècle, les finances de la ville ne furent pas plus prospères et le déficit alla croissant jusque sous le règne de Louis XVI. M. F. Dumas en a montré les causes dans son étude sur la *Généralité de Tours au XVIIIe siècle*. Cependant la Touraine connut, sous le gouvernement du duc de Choiseul (1760-1785), un intendant actif et vraiment soucieux des intérêts de sa province : c'est François-Pierre Ducluzel, marquis de Montpipeau, qui l'administra de 1766 à 1783. Animé d'idées réformatrices et d'intentions excellentes analogues à celles de Turgot, ami de Voltaire et familier de Choiseul, Ducluzel consacra tous ses efforts au relèvement financier et industriel de sa province, améliorant les voies de communication, modifiant le régime féodal des corvées, rétablissant les foires franches de Tours, encourageant les fabriques locales comme celles de soieries, faisant défricher les campagnes et consolider les levées de la Loire. Il surveilla de près l'organisation de la police et de l'assistance publique, fit distribuer du riz aux pauvres pendant les disettes et donner des soins médicaux gratuits aux indigents. Il chercha aussi à rendre à la ville de Tours, par d'importants travaux d'art dont nous verrons le détail tout à l'heure, un lustre dont elle avait depuis longtemps perdu l'habitude. Mais ce réveil d'activité fut assez factice et assez superficiel ; il ne semble pas qu'il y ait eu, par exemple, à ces grands travaux d'édilité officielle, de collaboration enthousiaste de la population tout entière, et ces efforts intelligents, pas plus que ceux qui furent tentés ici et là à la même époque et dans le même sens, ne purent arrêter la débâcle de l'ancien régime.

Les industries d'art qui avaient fait depuis Louis XI la fortune et la réputation de Tours, les fabriques de soieries, de draps brochés d'or et d'argent, dont les produits avaient habillé la cour des Valois, rehaussé l'éclat des cortèges et des entrées solennelles, étaient tombées dans le marasme avec les guerres de religion. Henri IV chercha à les relever. Richelieu et Colbert les réglementèrent et la prospérité leur revint dans une certaine mesure. Au milieu du XVIIe siècle, une grande partie de la population y était employée, et l'on produisit en abondance à Tours à cette époque des taffetas, des pannes, des serges de soie, des moires, des velours à la manière de ceux de Gênes. Mais la fin du siècle vit la déchéance presque complète de cette industrie ; elle put cependant se renouveler encore vers le milieu du XVIIIe siècle, par l'installation d'un groupe d'ouvriers génois qui fondèrent, sous la protection royale, une fabrique de velours et de damas pour meubles et tentures, que continuèrent en somme, à travers le XIXe siècle, les fabriques modernes de soieries d'ameublement.

M. l'abbé Bossebœuf, qui a suivi dans une belle et consciencieuse étude, les vicissitudes des fabriques de soieries tourangelles, nous a appris dans son autre livre plus récent sur la tapisserie, l'histoire d'un essai de rénovation de cet art à Tours au XVIIe siècle. Après la famille des *Duval*, il nous a montré à l'œuvre celle des *Motheron*, dont l'un nommé Alexandre, obtint en 1612 d'établir officiellement à Tours une manufacture de tapis qui s'installa bientôt après dans cette Petite-Bourdaisière dont il a été question plus haut. Le tourangeau Motheron s'était assuré du reste, ou plutôt avait dû subir le concours de deux maîtres tapissiers flamands, Marc de Comans et François de la Planche, fondateurs de la première fabrique des Gobelins de Paris, dont le privilège royal, daté de 1607, comportait l'établissement de succursales de la manufacture dans les provinces. Mais Tours n'était pas assez riche à ce moment pour alimenter des industries somptuaires de cette nature ; après une période de prospérité due peut-être au voisinage du château de Richelieu, les ateliers déclinèrent et fermèrent sans doute bientôt. Dès avant la fin du siècle, les descendants des Motheron n'étaient plus guère employés qu'à entretenir les tapisseries de la ville et à les tendre les jours de processions.

Les brodeurs et les orfèvres durent trouver, au XVII siècle surtout, d'assez abondantes ressources dans la clientèle des couvents et monastères qui à cette époque s'installèrent en grand nombre à Tours. Quantité de noms d'artisans ont été retrouvés dans les archives ou les actes de l'état civil. D'autre part, quelques œuvres somptueuses, chasubles d'un style riche et lourd, voiles de calice, devants d'autel, subsistent encore aux églises Notre-Dame-la-Riche ou Saint-Saturnin, la plupart ornés, sur des fonds de jais blanc, de rinceaux de fleurs naturelles dont l'effet, souvent vulgaire, est parfois assez gracieux, comme s'il était demeuré dans ces ateliers un peu du sens ornemental d'autrefois. Quelques pièces remarquables, appartenant aux Carmélites, avaient figuré dans les expositions rétrospectives de 1882 et 1890.

L'église de la Riche possède un très beau ciboire datant de la première moitié du XVII siècle, qui appartenait jadis aux religieuses du Carmel. Léon Palustre l'avait rapproché de quelques pièces d'orfèvrerie religieuse de même époque, des calices notamment appartenant soit à la cathédrale, soit au couvent du Saint-Esprit. Des scènes compliquées, de dessin élégant et très italianisé, s'y voient sur les pieds, autour de la coupe des calices ou sur le couvercle du ciboire.

Il faut noter enfin l'existence de céramiques tourangelles datant surtout de la seconde moitié du XVIII siècle : on les fabriquait dans le faubourg Saint-Pierre-des-Corps où vinrent s'établir vers 1750, des faïenciers qui travaillaient auparavant au bourg de Saint-Christophe, les *Épron*, par exemple ; on tenta même en 1783, sous le patronage de l'intendant Ducluzel, des essais de porcelaine dans l'atelier des *Sailly*. Les pièces qui sont sorties de ces ateliers modestes, infiniment moins célèbres, moins élégantes et moins abondantes que les faïences de Rouen, se rapprochent surtout de celles de Nevers. On donne comme produits locaux, au Musée de la Société archéologique, deux petits sphinx décorés d'ornements polychromes qui reproduisent sommairement les traits de Louis XVI et de Marie-Antoinette.

Il est peut-être encore plus difficile de distinguer à cette époque une peinture ou une sculpture tourangelle, qu'une tapisserie, une orfèvrerie ou une céramique. Parmi les peintres, nous connaissons bien comme tourangeaux d'origine des artistes assez célèbres, tel *Abraham Bosse* ; mais nous constatons que celui-ci, né et mort à Tours, se forma à Paris et y travailla toute sa vie. Il n'est guère représenté dans sa ville natale que par quelques estampes réunies au Musée. De même les *Beaubrun*, natifs d'Amboise, quittèrent leur patrie de bonne heure, attirés par la cour où

Cliché Peizné.

François Boucher. — Silvie tuyant le loup. (Musée de Tours.)

ils rencontrèrent succès et commandes. Deux tableaux du Musée de Tours, une Vénus et une Minerve provenant de Chanteloup, leur sont attribués, mais sans preuve, et paraissent même d'une date légèrement postérieure. Peut-être aurait-on plus de chance de retrouver leur manière, ou leur influence, dans quelques portraits du temps de Louis XIII et de la minorité de Louis XIV, conservés dans certaines collections locales, celle de M. Alfred Gabeau d'Amboise, par exemple.

Les *Bunel*, originaires de Blois, travaillèrent en Touraine à la fin du XVIe siècle. Le plus célèbre, Jacob Bunel, résida quelques années à Tours et y épousa la fille d'un peintre verrier, Marguerite Bahuche, artiste elle-même. C'est près de lui que se forma le tourangeau *Claude Vignon*, qui eut une certaine célébrité de son temps, mais qui séjourna peu dans sa ville natale. Il y avait peint cependant un grand tableau pour les Minimes du Plessis. Deux peintures de provenance inconnue le représentent au Musée de Tours. Elles n'y sont guère en honneur du reste.

Quant à *Louis Courant* qu'un texte, retrouvé par M. L. de Grand-maison, désigne pour l'auteur des peintures de la chapelle de Véretz, c'était, semble-t-il, un décorateur assez médiocre comme la plupart de ceux qui travaillaient à Tours à ce moment. Aussi s'adressait-on volontiers, pour avoir mieux, aux artistes de la capitale. Témoin la commande de quatre tableaux faite à Lesueur, en 1654, par les religieux de Marmoutier. Ces peintures figurèrent jusque vers la fin du XVIIIᵉ siècle dans la *salle des Tableaux* de l'abbaye. Sous Louis XVI, en 1785, le comte d'Angiviller qui avait déjà l'intention de constituer un *Museum des arts* au Louvre, les réclama aux religieux de la part du roi. Ceux-ci se laissèrent faire ; mais, après examen, on trouva les tableaux indignes de figurer dans la collection du roi, et l'on en renvoya une partie à Tours : le *Saint-Louis pansant les malades* et le *Saint-Sébastien* se voient aujourd'hui au Musée. L'*Apparition de la Vierge à Saint-Martin* et la *Messe* de ce saint pendant laquelle un globe de feu apparaît au-dessus de sa tête, sont au Louvre, l'une ayant été conservée par d'Angiviller et l'autre réexpédiée à Paris en 1802. Le Musée de Tours possède de la dernière de ces toiles, une esquisse, copie ou réplique, qui n'est pas sans intérêt. Elle figurait à Marmoutier au-dessus d'un autel, dans le voisinage de la grotte de Saint-Martin. D'ailleurs, si la composition de ces différentes œuvres, celle surtout de la *Messe*, est d'une simplicité touchante et d'un sentiment délicat, leur exécution froide et hâtive sent la commande. Lesueur touchait à la fin de sa vie à ce moment, et fatigué, surchargé de besogne, il fut peut-être aidé, comme dans la *Vie de saint Bruno*, par ses collaborateurs ordinaires, élèves ou parents.

Plus tard, le parisien *Charles de Lafosse*, peindra un grand tableau d'autel pour les religieuses de la Visitation de Tours, et le normand *Jou-venet* viendra en Touraine pour décorer les appartements du château de Véretz. On se contentait même souvent de simples copies ou de tableaux d'école reproduisant vaguement les toiles des artistes en vogue. Témoin la série des Évangélistes d'après le Valentin, provenant aussi de Marmou-tier, ou les nombreux tableaux *dans la manière de Lebrun*, qui font partie du fonds ancien du Musée et doivent par conséquent provenir des églises de la ville. Un peu plus tard encore, en 1730, Jean Restout exécutera pour l'abbaye de Bourgueil, un *Saint-Benoît* et une *Sainte-*

Scholastique, actuellement au musée de Tours, tout à fait typiques de l'art religieux déclamatoire et mouvementé du XVIIIe siècle ; il n'y manque même pas une pointe de sensibilité passionnée et des notes gracieuses qui éclatent quand même çà et là, par exemple dans le minois charmant et digne de Boucher, d'une jeune religieuse qui assiste sainte Scholastique expirante.

Parmi les tableaux de l'époque classique tirés des châteaux des environs, Richelieu a fourni le grand portrait équestre du duc de Richelieu,

Cliché Peigné.

François Boucher. — Amintas dans les bras de Silvie. (Musée de Tours.)

neveu du cardinal, costumé à l'antique, et entouré d'allégories, avec, dans le fond, le port de Naples où il avait conduit la flotte française et brûlé des vaisseaux espagnols en 1647. Montaiglon attribuait le tableau à Testelin plutôt qu'à Lebrun, dont il rappelle bien cependant le style pompeux et décoratif. Quelques Bacchanales dans le style de Poussin viennent aussi de Richelieu. Mais l'apport de Chanteloup est de beaucoup le plus considérable : si nous négligeons les mythologies encore compassées de Louis Boulogne et les allégories décoratives de Santerre, aussi bien que les Italiens de la décadence, vagues Guerchins, Bassans, Guides ou Caravages, témoins du goût académique persistant, nous y rencontrerons trois Boucher et deux tapisseries de Cozette qui sont la gloire de la collection, spécimens d'art tout parisien du reste, dont le duc de Choiseul ou le duc de Penthièvre s'étaient plu à rehausser l'éclat de leur résidence de Chanteloup. Nous y trouvons aussi quatre vues de Touraine qui décoraient des dessus de portes, et furent bien exécutées, celles-là, dans le pays même ; le peintre *Houel* s'affirme dans ces aspects de notre vallée de la Loire, si largement rendus, l'un des ancêtres les plus légitimes du paysage moderne.

Le plus important des trois tableaux de *Boucher* est signé et daté de 1750 : il représente Apollon visitant une nymphe ou une bergère au milieu d'un concours empressé d'amours voletant dans le ciel ou jouant ingénument à terre. On l'appelait jadis *Apollon et Latone* ; mais l'allure galante de la conversation interdit de penser au dialogue d'un fils avec sa mère. La date empêche de même toute allusion au mariage de M. de Choiseul que l'on prétendait voir ici représenté sous les traits d'Apollon, tandis que la nymphe aurait figuré sa femme. On n'est même pas sûr que le tableau lui ait appartenu ; les deux suivants faisaient sûrement partie de la collection du duc de Penthièvre en 1770 et n'ont été apportés à Chanteloup qu'après 1780. Ceux-ci représentent des épisodes romanesques tirées de l'*Aminta* du Tasse : Silvie fuyant le loup qu'elle a blessé et Amintas revenant à la vie dans les bras de Silvie. Les reproductions ci-jointes nous dispensent d'en donner une description. Il est difficile du reste de rendre le charme enjoué de ces compositions aimables et fantaisistes, comme aussi le ton délicat et brillant de ces peintures faciles et si décoratives. Elles appartiennent, comme dit si bien M. André Michel dans sa monographie de François Boucher, à « cette veine claire, fine, exquise, où les ors très doux, les satins argentés, les tons de perle, les blonds ambrés près des bleus pâles jouent au bout du pinceau de Boucher et sur les corps nus de ses déesses ». Si l'on ajoute à cet ensemble la très vive et très charmante esquisse d'un plafond du château de Bellevue, que Montaiglon a léguée au Musée, on comprendra qu'il en est peu en France où l'art du « peintre des grâces » soit aussi bien représenté. Il y manque cependant encore une toile plus importante que toutes les autres. C'est, selon Paul Mantz, un tableau qui représente « Latone dans l'île de Délos » : il appartient à M. le sénateur Belle ; celui-ci l'envoya à l'exposition de Tours en 1873 : il est rentré depuis dans sa petite maison de campagne de Rouziers, qu'il emplit de la gloire charmante de son apothéose.

Quant aux deux tapisseries, ce sont des morceaux extrêmement délicats exécutés en 1773 par *Cozette* d'après les peintures de Drouais. Elles figurent un jeune garçon avec un carton à dessin sous le bras et une petite fille en buste jouant avec un chat. Inutile d'y chercher des portraits : ce sont de charmantes études de genre prises sur le vif, comme nous en ont donné les Chardin et les Greuze, traduites ici avec un art raffiné qui cherche à rivaliser de souplesse avec la peinture elle-même.

A ces morceaux infiniment précieux par eux-mêmes et par leur provenance historique sont venus se joindre au cours du XIX⁰ siècle, grâce à des envois de l'État, des dons ou des achats de collections, plusieurs pièces

Perronneau. — Portrait d'homme (Musée de Tours).

capitales que nous ne ferons que mentionner ici ; elles solliciteront suffisamment par elles-mêmes l'attention des curieux d'art. C'est, par exemple, le tableau mythologique envoyé par *Nattier* comme morceau de réception à l'Académie, un Pygmalion de *Deshays*, très voisin encore de Boucher, un élégant portrait de danseuse par *Raoux*, la vivante et spirituelle physionomie d'homme où l'on veut voir, sans raison du reste, le portrait de *Perronneau* par lui-même, enfin l'admirable effigie, due à *Vestier*, de Jean Theurel, doyen des vétérans pensionnés du Roi au régiment de Touraine, exposée au Salon de 1789.

En matière de sculpture, on trouverait pour la première moitié du XVII⁰ siècle, dans les églises de Tours et de la région, les traces de l'acti-

vité de certains ateliers locaux (le mot d'école serait trop ambitieux certainement ici) qui furent appelés à travailler pour les nouveaux établissements monastiques et pour les églises qui avaient à se remeubler après
les pillages des iconoclastes huguenots. Quelques noms ont été relevés
dans les archives ou sur les monuments eux-mêmes ; car, moins modestes,
les imagiers de cette époque signaient souvent leurs œuvres. Parmi ces
noms, plusieurs appartiennent à des artistes du Maine, *Delabarre* qui fit
une Adoration des mages pour l'abbaye de Beaumont, *Hoyau*, une Adoration des bergers pour la même abbaye et un autel pour les Minimes
du Plessis. Mais *Claude Vinet*, *Antoine Charpentier* et son beau-frère
René Chéron, qui fut plutôt architecte et travailla beaucoup au château
de Véretz, paraissent bien être des tourangeaux. Les deux derniers,
associés, furent chargés, de 1670 à 1677, de travaux pour une église de
Saumur où ils succédèrent au sculpteur angevin Biardeau, mort en 1670.
Leur art du reste est tout à fait voisin de celui qui fleurit vers la même
époque dans les ateliers du Mans ou d'Angers, dans celui du célèbre
Biardeau, notamment. Il porte souvent le caractère d'une production
industrielle assez banale. On y remarque une progression de plus en
plus accusée vers le classicisme ; les figures y sont impersonnelles, les
draperies conventionnelles et mouvementées ; mais on voit encore paraître
çà et là, sous les influences accumulées de l'italianisme des Justes, du maniérisme de l'école de Germain Pilon et des lourdes velléités classiques du
temps de Louis XIII, quelques traces du charme, de l'élégance, de l'allure
harmonieuse et modérée des conceptions d'autrefois ; le monument le
plus typique nous en paraît être la charmante *Adoration des Mages*
de Saint-Paterne (fin du XVI⁰ ou début du XVII⁰ siècle) dont le sujet
même nous fait penser aux œuvres perdues, de Delabarre et de Hoyau à
Tours.

La survivance du réaliste d'antan n'est guère indiquée ici que par un
buste funéraire anonyme, assez médiocre, au Musée. Beaucoup plus intéressant eut été, si on eût conservé l'original, le buste de Ronsard, œuvre
des dernières années du XVI⁰ siècle, placé jadis sur son tombeau au
prieuré de Saint-Côme et dont on ne connaît plus que des moulages : l'un
d'eux se voit dans l'escalier du Musée. Il faut aller chercher à Champigny-sur-Veude ou à Gizeux les types des honnêtes priants de l'époque
Henri IV et Louis XIII. Encore ceux de Gizeux sont-ils signés d'un
artiste originaire de Cambrai, travaillant à Paris, Nicolas Guillain.

Quant à la sculpture sur bois, jadis si florissante à Tours, elle suivit
comme le reste le style à la mode : les retables et les boiseries d'église

qu'elle produisit eurent l'ampleur épaisse et la banalité d'invention de
presque tous les monuments religieux de l'époque Louis XIII et
Louis XIV. Le XVIIIe siècle, au contraire, le siècle de la boiserie par
excellence, nous montrera dans ce genre, quelques œuvres remarquables ;
elles reproduisent souvent des formules assez générales par toute la
France, mais offrent parfois certaines recherches plus spontanées et plus
originales, intéressantes encore que naïves. Les deux bas-reliefs en bois,

Cliché de l'Auteur.

J.-B. Lemoyne. — Buste en terre cuite de Jean-Florent de Vallières (Musée de Tours).

une Annonciation et une Mort de la Vierge, qui du couvent de la Visitation sont passés au Musée, témoignent d'une certaine habileté mais
sont conçues suivant les formules les plus banales et les plus tourmentées
de l'art religieux du temps.

En dehors de ces deux panneaux, la sculpture du XVIIIe siècle n'est
guère représentée au Musée de Tours que par deux bustes : l'un en plâtre
bronzé, médiocre mais curieux pour l'histoire locale, représente l'intendant Ducluzel et porte le nom obscur du sculpteur *Piéry* avec la date de
1783 ; l'autre, admirable, est une terre cuite de *Jean-Baptiste Lemoyne*

exposée au salon de 1753 et représentant Jean-Florent de Vallières, lieutenant général des armées du roi, directeur de l'artillerie. L'œuvre fine et spirituelle est d'une souplesse merveilleuse et d'une vie intense : elle vaut les plus beaux bustes-portraits de ce XVIIIe siècle qui en a tant produit. Le buste fut saisi sans doute à la Révolution dans quelque château des environs ; mais on en ignore la provenance exacte.

De la fin du XVIIIe siècle, l'École des Beaux-Arts, voisine du Musée, possède un beau buste anonyme dans le style un peu froid, mais élégant et vivant encore de Pajou ou de Roland, il représente le peintre *Rougeot*, le fondateur de l'école et l'organisateur du Musée.

Enfin un legs moderne a fait entrer au Musée une importante répétition en bronze de la célèbre Diane de Houdon. Cette répétition fut exécutée après la mort de l'artiste, d'après un modèle resté sans doute dans son atelier. Elle présente quelques légères différences avec le bronze du Louvre et porte sur le socle, à côté de la signature *Houdon* 1776, la marque du fondeur *Carbonneaux* 1839.

Au début du XVIIe siècle, et surtout sous le règne de Louis XIII, « époque de fécondité monastique », a dit un contemporain, Tours, comme Paris, vit s'installer une foule d'établissements religieux nouveaux. Tous eurent leur chapelle et leurs bâtiments claustraux, édifices médiocres pour la plupart et sans originalité artistique, dont bien peu du reste ont laissé de traces importantes.

L'établissement des *Capucins*, au faubourg Saint-Symphorien, suscita dès 1606 un grand concours de foi populaire et des démonstrations véhémentes du parti catholique triomphant ; il a disparu complètement. De même ceux des *Oratoriens*, des *Feuillants*, des *Calvairiennes*, des *Annonciades*. L'église des *Carmélites*, qui sert aujourd'hui de magasin, montre encore un pignon assez banal sur la rue Banchereau. Celle des *Capucines* est occupée par un brasseur, le couvent des *Récollets* par la caserne Marescot ; celui des *Ursulines* est devenu le petit séminaire : ce sont des bâtiments tristes et nus avec une galerie basse formant cloître au rez-de-chaussée. Le couvent des *Visitandines*, commencé en 1632, est occupé aujourd'hui par la préfecture ; mais l'église, qui occupait la place de la cour d'honneur actuelle, a disparu, et les bâtiments ont du reste été très remaniés au XVIIIe et au XIXe siècle.

L'église des Filles de l'*Union Chrétienne* (1653), au contraire est assez bien conservée : c'est aujourd'hui un temple protestant. La façade en est à peu près cachée, sur la rue de la Préfecture, par un glacial portail moderne ; mais l'intérieur, divisé en trois nefs peu élevées, décoré de pilastres cannelés de dessin assez pur, est élégant et sobre.

Les *Minimes*, installés jadis par Louis XI auprès du Plessis, s'agrandirent sur leur ancien emplacement et établirent une succursale plus près de la ville. L'église qu'ils élevèrent, de 1627 à 1630, sert actuelle-

Portail de l'ancienne église des Minimes, aujourd'hui chapelle du Lycée.

ment de chapelle au lycée. Son petit portail composite qui s'ouvre sur une cour très calme, ombragée d'énormes platanes, ne manque pas d'un certain charme, une fois admis le principe de ces placages illogiques de pilastres décoratifs, de niches et de frontons coupés. L'église elle-même a encore, dans sa structure générale, quelque chose de gothique. Elle est décorée d'un ensemble de boiseries extrêmement riche, baldaquin du maître-autel, stalles du chœur, revêtements muraux, balustrades de chapelles, confessionnaux, etc.; les colonnes torses du maître-autel sont assez lourdes et surchargées ; mais le lambris garde une tenue et une harmonie assez rare à cette époque. On sait que deux frères lais du couvent des Minimes, l'un provençal, *Antoine Audric*, l'autre limousin, *Col Taboué*, participèrent vers 1670 à l'exécution de cet ensemble décoratif très bien conservé et complété par une grille de chœur, chef-d'œuvre de ferronnerie légère et souple. Quelques statues enfin, placées dans les chapelles latérales, une Vierge notamment, une sainte Anne et un saint Joachim peuvent appartenir à ces ateliers tourangeaux, angevins ou manceaux du XVIIe siècle, dont nous avons parlé tout à l'heure.

Les *Jésuites* avaient eu quelque peine à s'établir à Tours. Malgré l'opposition de la municipalité et grâce à l'appui de la royauté et du prince de Condé, ils réussirent à s'installer en 1632 dans l'ancien hôtel de Beaune. La chapelle de celui-ci ne suffisant plus à leurs ambitions, ils firent construire en 1675 une vaste église qui subsiste encore, joignant les restes de l'hôtel ; le portail, contrairement à la tradition, en est orienté à l'Est, sur la rue Jules-Favre, ancienne rue Saint-François. Deux maîtres maçons de Tours furent chargés de l'ouvrage, *Martin Baudequin* et *Noel Thierry*. Mais il est bien spécifié, dans le marché qu'ils signèrent et qui a été retrouvé, que les Révérends Pères leur ont mis en mains un *modèle et dessin* de l'édifice. C'est donc bien, suivant les habitudes de la célèbre Compagnie, un monument d'architecture jésuite et non d'architecture locale qui s'éleva ici. La sculpture décorative intérieure fut même exécutée par un Jésuite, le P. Charpentier : elle a toute la banalité italienne ordinaire, mais le portail, par contre, n'offre pas ces insupportables étagements d'ordres, flanqués de volutes énormes que l'on s'attendrait à y trouver. Il est assez simple, massif et sans grâce du reste, avec un énorme oculus trouant sa façade, flanquée d'assises de pierres nues. Conservé à la Révolution, à cause sans doute du « goût antique » qu'il représentait, l'édifice servit de paroisse de 1802 à 1858, sous le nom d'église Saint-François-de-Paule. Redevenu disponible lorsque la paroisse eût été transportée dans Saint-Julien restauré, il a abrité en 1890 la plus riche des expositions rétrospectives tourangelles, organisée en l'honneur du cinquantenaire de la Société archéologique. Il est occupé aujourd'hui par un magasin de draps.

En dehors de ces travaux entièrement neufs, les anciennes églises de Tours eurent à cette époque à se restaurer ou à remplacer leur mobilier détruit pendant les guerres de religion ; elles voulurent aussi parfois rajeunir par des adjonctions intempestives leur style gothique démodé.

Le chapitre de la cathédrale eut la sagesse, ou peut-être l'économie, de ne pas transformer à l'antique son église et surtout son chœur, comme tant d'autres le firent, soit au XVIIᵉ, soit au XVIIIᵉ siècle. Cependant certaines moulurations inquiétantes, au-dessus des arcs de la nef et du chœur semblent prouver une préoccupation de rajeunissement qui, sans aller jusqu'à canneler les piliers gothiques, comme à Saint-Germain-l'Auxerrois de Paris, prétendit agrémenter les écoinçons trop nus au gré du jour. Une tribune et un buffet d'orgues, qui offrent de très beaux morceaux de boiseries de la fin du XVIᵉ ou de la première moitié du XVIIᵉ siècle se voient dans le transept méridional. La première chapelle du déambulatoire du côté Nord fut ornée, à l'époque de Louis XIII, de boiseries et de peintures représentant les Apôtres qui forment un ensemble assez curieux et très caractéristique du style du moment. Enfin on voit suspendu dans le chœur un appareil de lumière du XVIIᵉ siècle, d'une disposition assez rare et d'un très beau style.

Un seul tombeau de l'école classique figure dans la cathédrale, celui de Michel Amelot qui fut archevêque de Tours de 1673 à 1687. Il est très simple et conçu suivant une formule assez ordinaire : il se compose d'une pyramide de marbre blanc et noir avec un médaillon de marbre blanc, d'une sculpture honnête et moyenne, représentant le portrait du prélat.

Quelques tableaux valent aussi d'être notés, bien que nous ne puissions guère affirmer qu'ils aient figuré dans la cathédrale dès le temps de leur création : une *Adoration des Bergers* très mouvementée, mais pleine de détails réalistes curieux qui peut très bien appartenir à une école provinciale du début du XVIIᵉ siècle (chapelle du tombeau des enfants de Charles VIII), un arrangement de la *Visitation* d'Andrea del Sarto (bas côté Nord), où l'on a voulu voir une peinture exécutée par quelque italien en Touraine dès le XVIᵉ siècle, un *Baptême du Christ* de Lagrenée daté de 1763 (bas côté Sud), etc.

L'église de Notre-Dame-la-Riche répara les blessures reçues au XVIᵉ siècle. Une bonne partie de la nef fut refaite, en reprenant à peu près les dispositions anciennes. Les restaurations modernes, en style gothique plus ou moins pur, ont fait ici disparaître toute trace des réfections exécutées à la fin du XVIᵉ siècle ou sous Henri IV. Mais il se trouve que l'église a hérité après la Révolution d'une importante série de sculptures du XVIIᵉ siècle, provenant d'édifices démolis ou désaffectés. Dans le bas-côté gauche se voit un autel tout doré, surchargé de colonnes torses, de guirlandes et de bas-reliefs mouvementés ; il faut remarquer surtout près de là un groupe du *Mariage de la Vierge* composé de cinq

statues de grandeur naturelle, malheureusement beaucoup trop repeintes ;
il provient des Minimes du Plessis, pour lesquels le sculpteur *Charpentier* l'avait exécuté en 1650 : sa signature se voyait jadis au bas de la
robe du Saint-Joachim. Les figures sont un peu maniérées et trop classiques, mais non sans charme ni sans grandeur.

Le sculpteur *Hoyau* avait exécuté en 1630 pour l'autel du même
couvent une série de figures, dont quatre Évangélistes. L'inventaire qui
signale la signature de Charpentier indique que celle de Hoyau se voyait
au pied du Saint-Marc. Or nous trouvons aujourd'hui à Notre-Dame-la-
Riche, aux côtés d'un Crucifix moderne, un saint Jean et un saint Marc
qui, d'après leur style, peuvent très bien appartenir à cette série. Mais
la signature, ici non plus, ne peut se retrouver. Enfin une figure d'Ecce-
Homo assise, habile, mais sans caractère très accusé, passe pour provenir du prieuré de Saint-Côme et peut dater de la même époque.

A Saint-Saturnin, les deux anges adorateurs du maître-autel appartenaient peut-être aussi à quelque ensemble décoratif de ce temps.

Dans l'ancien prieuré de Sainte-Anne dont nous avons mentionné la
jolie chapelle du temps de Louis XII, on déforma le chœur de celle-ci
à l'époque classique pour l'embellir d'une décoration à l'antique qui s'est
assez bien conservée. Elle fut, suivant une inscription, exécutée en 1668,
par les mains du sculpteur *Antoine Charpentier*. Au-dessus de l'autel,
une peinture, aujourd'hui disparue, devait figurer dans un lourd encadre-
ment sculpté en pierre ; de chaque côté, deux grands bas-reliefs repré-
sentaient le Sacrifice et la Vision de Joachim. La sculpture en est habile
et mouvementée, mais épaisse et dépourvue de cette élégance persistante que l'on rencontrait encore dix-huit ans auparavant dans le Mariage
de la Vierge. Vieillissant et de plus en plus appliqué aux formules italo-
antiques, le sculpteur s'éloigne progressivement des qualités essentielles
de ses prédécesseurs de l'École de Tours.

L'abside romane de l'église prieurale de Saint-Côme fut aussi vers le
même temps (1673), peut-être par la même main, décorée d'un terrible dessus d'autel. Dans un bas-relief qui, avec une lourde et gauche application,
s'efforce d'atteindre le grand style classique, un saint drapé à l'antique
présente à une Vierge-matrone un donateur en surplis dont la tête, malgré
ses mutilations, paraît avoir encore quelque accent de portrait réaliste.

Le XVIII° siècle ne semble avoir rien ajouté aux édifices religieux de
la ville de Tours, ou peu de chose. Rien, en tout cas, n'a subsisté jusqu'à
nos jours. Il est important cependant de signaler ici ce projet, qu'avaient
conçu les chanoines de Saint-Martin à la veille de la Révolution, de

moderniser complètement leur église qui avait besoin de réparations et
de transformer le sanctuaire même où avait reposé saint Martin. On
devait rajeunir le dessin des arcades du chœur, mettre partout des enta-
blements avec des figures de plâtre, rénover les stalles, placer une statue
au-dessus du tombeau du saint, un groupe équestre en arrière et refaire
à la manière antique les tombeaux des évêques qui étaient rangés tout

Cliché de l'Auteur.

Autel de l'ancienne église du prieuré de Saint-Côme.

autour, etc., bref, une de ces transformations radicales, sans mesure et sans
respect, comme en a subi par exemple le chœur de Chartres. Le sculpteur *Dupasquier* avait fourni les modèles de sculpture et l'on s'était
adressé pour les projets et la direction des travaux à un architecte de Paris
nommé *Povel*. L'exécution devait en être confiée à un architecte de Tours
nommé *Étienne Fournier* qui venait déjà, sur les plans du parisien *Lenot*,
de réaliser à Marmoutier un escalier monumental très célèbre et très
admiré qui ne disparut que dans la première moitié du XIX\ :sup:`e` siècle et
dont on voit encore un modèle au Musée.

Ajoutons qu'on devait naturellement badigeonner du haut en bas la basilique et anéantir les fresques vénérables qui la décoraient : c'est même l'opération qui parut la plus urgente, puisqu'elle fut résolue dans une délibération du chapitre du 9 mars 1790. Les « vandales » révolutionnaires empêchèrent seuls les chanoines de Saint-Martin de mériter la même épithète.

L'architecture civile qui avait créé aux siècles précédents tant de charmants spécimens d'habitations plus ou moins luxueuses, fut certainement moins originale et moins féconde pendant cette période classique ; si l'on voulait cependant rechercher et étudier avec soin (on a à peine commencé de le faire) les hôtels et les maisons qui furent élevés à Tours au XVIIe et au XVIIIe siècle, on trouverait encore bien des œuvres intéressantes, relevant d'une formule plus banale évidemment que les précédentes, mais non parfois sans une saveur assez particulière.

Pour les dernières années du XVIe siècle, on rencontrerait d'abord cet *hôtel de la Vallière*, dont la physionomie est assez altérée, mais dont la place exacte est fixée aujourd'hui avec certitude entre la rue du Commerce, la rue Ragueneau et la rue Banchereau. C'est là que naquit en 1644, la célèbre Louise de la Vallière et non, comme on le dit parfois encore, dans la petite maison XVIe siècle qui porte aujourd'hui le nom d'hôtel de La Crouzille.

Nous avons déjà cité l'hôtel de la rue Paul-Louis Courier, nᵒ 15, qui fut élevé pour « noble homme Charles Robin » d'une famille de marchands de soie de Tours et pour Marie Quantin son épouse, sortie elle aussi d'une de ces familles bourgeoises enrichies par le négoce. Si la construction fut commencée dès après leur mariage, vers 1590, et si le bâtiment sur la rue est bien de cette époque, on peut dater à coup sûr du premier quart du XVIIe siècle, la partie postérieure, la galerie surtout, composée de cinq grandes arcades en plein cintre, qui comprenait les communs, ainsi que le portail ouvrant sur la rue Saint-Saturnin avec son fronton coupé, décoré de lions et d'amours épais. On sait du reste que Marie Quantin ne mourut qu'en 1640.

Au bas de la même rue, vers l'ancienne église des Carmes, une grande maison de briques aux bossages de pierre, où est installé aujourd'hui le laboratoire municipal, offre encore plus indubitablement les caractères puissants et simples de l'architecture Louis XIII ; de même un hôtel qui se voit au 25 de la rue Néricault-Destouches, dans le voisinage de l'ancien cimetière Saint-Venant et quelques vieilles maisons de la rue Rapin qui ont peut-être logé des chanoines de Saint-Martin, particulièrement celle du numéro 10 ; de petits logis plus modestes de ce temps se parent encore des restes d'une sobre élégance, au milieu du quartier, très déshérité aujourd'hui de la rue des Cerisiers, au 9 et au 19 de cette rue notamment.

Enfin, çà et là, et même dans les maisons d'époque plus ancienne, celle de Tristan, par exemple, ou celle de Jean Galland, on remarque sur la rue certaines portes en bois, dont les motifs d'une décoration très corsée nous signalent le passage de quelque hûchier de l'époque Louis XIII. Il est moins facile, et c'est regrettable, de voir une belle cheminée de cette

Cliché de l'Auteur.

Cour postérieure de l'hôtel Robin-Quantin.

époque transportée d'une maison de la place du Grand-Marché dans un hôtel moderne du boulevard Béranger (n° 58). Il convenait cependant de la signaler au moins ici.

Nous n'avons presque rien à noter comme constructions civiles élevées à Tours pendant le règne de Louis XIV et toute la première partie du règne de Louis XV ; s'il en reste quelque chose, ce n'est rien de saillant ni d'important, et cette pénurie ou cette médiocrité est une preuve de la difficulté que l'on eut à vivre dans ce pays pendant cette période si brillante ailleurs. Notons pourtant, outre une maison d'assez grande allure de la rue Eugène-Sue (ancienne rue des Anges), les additions apportées à l'hôtel gothique de la rue Julien-Leroy, où un joli balcon en fer forgé porte la date de 1677. Rappelons aussi les transformations qui

altérèrent le corps central de l'hôtel de la place Foire-le-Roi (voir plus
haut, p. 85), et qui lui ont valu, avec une façade et des lucarnes assez
médiocres, un escalier orné d'une rampe de fer forgé tout à fait charmante. Le dessin en est libre et souple, et l'on voit s'y annoncer déjà, dans
la tenue générale du style Louis XIV, toute la fantaisie du XVIIIᵉ siècle.
On y lit la date de 1701, avec des initiales enlacées qui se rapportent
sans doute aux noms des possesseurs du moment.

Cet art du fer forgé paraît d'ailleurs avoir été assez en honneur à Tours
vers cette époque. Des balcons, des impostes, comme celui de l'Ecole de

Cliché de l'Auteur.

Cour du Palais du Commerce.

musique (place des Carmes) mettent çà et là une note de grâce sur des
architectures d'ailleurs très banales. Bien rares en effet sont celles
qui, dans la première moitié du XVIIIᵉ siècle, participent au sourire
général de l'art français à cette époque. Comme spécimens caractéristiques du style Louis XV fleuri, nous n'aurions guère à citer que deux
façades de maisons à l'entrée de la rue Colbert, celle surtout qui porte
le numéro 5, construite pour un certain Louis Lange des Bernières;
celui-ci avait fait figurer sur son portail des armes parlantes dans la personne d'un ange qu'on y voit encore. Il y avait fait joindre surtout un des
plus beaux balcons que nous connaissions à Tours.

C'est presque encore le même style qui apparaît dans l'importante
construction de la rue Jules-Favre, désignée sous le nom de *Palais du*

commerce (mais ici, il y a certainement un léger retard sur la mode générale) ; car cet édifice fut commencé en 1757 et terminé en 1759, ainsi que nous
l'apprend M. Faye dans sa belle étude sur la *Juridiction consulaire à
Tours*. Les marchands de Tours avaient acquis, dès le milieu du XVIIᵉ siècle, des immeubles voisins de l'établissement des Jésuites pour y installer
leur tribunal consulaire et les différents services qui en dépendaient, la halle
aux draps, le bureau d'aunage, etc. ; ils résolurent un siècle plus tard.

de faire bâtir sur le même emplacement un édifice plus convenable
que ceux dont ils s'étaient conten-
tés jusque-là. Une chapelle fut
d'abord élevée (elle a disparu), puis
le charmant hôtel qui, devenu *Bureau des marchands* sous la Révolution, sert depuis 1802 à la
Chambre de Commerce de Tours. Il
est merveilleusement intact et présente un ensemble d'une harmonie
parfaite. La restauration de M. Hardion (1889-1892) l'a mis en valeur
sans l'altérer. Les travaux ont porté
du reste surtout sur l'intérieur : la
salle d'audience ornée de magnifiques boiseries a été remise à neuf
et un salon de réception a été installé, décoré de panneaux peints et
de soieries modernes. On y a placé
notamment des reproductions ap-

Palais du Commerce. — Rampe d'escalier.

proximatives du mobilier de salon Louis XVI, provenant de Chanteloup.
une merveille d'art français signée de l'ébéniste *Chevigny*, que la Chambre
de commerce possédait depuis près d'un siècle. et dont il est plus que
regrettable qu'elle ait aliéné récemment les originaux. Un magnifique
cartel XVIIIᵉ siècle. qui doit avoir la même provenance, se voit encore
dans le cabinet du président de la Chambre. Signalons encore à l'intérieur la décoration de deux escaliers : l'un, s'ouvrant au milieu de la cour.
monumental, à double montée, avec une niche surmontée d'un motif à
coquille très riche et très harmonieux ; l'autre, plus modeste, desservant le
bâtiment sur la rue, mais garni d'une rampe en fer forgé légère et fine.
dont les lignes sinueuses sont d'une élégance de dessin tout à fait rare.

Quant à l'architecture extérieure du bâtiment, très simple sur la rue, un peu plus ornée sur la cour, elle a un caractère de sobriété et de grâce qui est tout à fait remarquable ; sans excès de fantaisie rococo, ni de sévérité classique, elle se tient dans la plus juste mesure entre l'art dit Louis XV et l'art dit Louis XVI. On y trouve évidemment les élé-

Hôtel Lefebvre de Montifray. — Façade sur le jardin.

ments consacrés de l'art classique : bossages, frontons, etc., mais ils y sont agencés avec une discrétion, un goût, un sens de l'intimité qui nous rappellent les meilleures qualités du terroir. On invoque généralement ici le grand nom de Mansart ; il est impossible du reste à maintenir, puisque des deux architectes, oncle et neveu, François Mansart et Jules Hardouin-Mansart, le dernier est mort en 1708, et nous serions tentés de penser à un artiste local, peut-être à ce *Pierre Meusnier*, architecte et ingénieur tourangeau qui, peu de temps après, nous en avons maintenant la certitude, grâce au beau travail tout récent de M. l'abbé Bossebœuf, allait élever l'hôtel Lefebvre de Montifray.

Nous remarquons en effet, dans celui-ci, bien des parties d'architecture identiques, les belles assises de bossages nettes et régulières, l'agencement des frontons rompus à la partie basse dans la corniche, la forme

Hôtel Lefebvre de Montifray. — Tapisserie du Salon. La Promenade.

des lucarnes (remarquons qu'il ne s'agit pas ici de mansardes, et leur disposition sur un comble modérément incliné, etc.

Gilles Lefebvre était un marchand de Tours dont le père avait acheté en 1757, la maison Lange. Il acquit lui-même, en 1762, une maison un peu plus éloignée du centre de la ville, en dehors des anciens remparts et du fossé comblé qui était devenu la rue des Fossés-Saint-Georges (aujourd'hui la rue Émile-Zola, où l'hôtel porte le numéro 19). Il jeta par terre les anciennes constructions et se fit bâtir, de 1768 à 1770, un hôtel somptueux, à la mesure de ses goûts et de ses moyens de marchand enrichi. De fait, l'adjonction de certains éléments, qui n'existaient pas au Palais du commerce, dénote bien un peu ici le luxe voulu, affiché, du parvenu et alourdit l'œuvre de Pierre Meusnier. On est frappé, sur la rue, du faste non sans ostentation d'un portail énorme et légèrement disproportionné avec l'importance du logis ; sur la façade du jardin, quatre pilastres d'ordre colossal se terminent par de lourds chapiteaux corinthiens, cependant que dans le fronton, au-dessus d'un cartouche déjà très chargé, s'étale une épaisse et peu adroite figure allégorique du Commerce appuyée sur des ballots de marchandises.

Même recherche, même tendance à l'intérieur : pour la rampe de l'escalier, le serrurier ne peut plus donner libre cours à la fantaisie gracieuse et libre des arabesques que nous admirions tout à l'heure. Il faut quelque chose de plus cossu et de plus classique aussi : car le goût du jour est à l'antique. Les rinceaux s'alourdissent et se compliquent d'ornements en bronze doré : de distance en distance, des sujets en ronde-bosse apparaissent, des pégases, des aigles, un sanglier avec des chiens, un renard avec des poules. Tout cela témoigne d'une très grande virtuosité, mais s'écarte de plus en plus de la simplicité et de la saine logique du fer forgé d'autrefois. On connaît bien les noms des serruriers travaillant à Tours à ce moment : Jean Héron, Étienne Roy, Pineau, etc. ; mais on n'a aucun indice qui permette d'attribuer à l'un d'eux cet important ouvrage non plus qu'aucun de ceux qui nous attestent leur habileté générale.

Les meubles qui garnissaient l'hôtel nous sont décrits dans plusieurs inventaires publiés, mais ils ont été dispersés. Il reste seulement dans le grand salon cinq panneaux de tapisserie d'Aubusson qui sont d'une très belle qualité, et dont certains sujets valent d'être notés pour la préoccupation qu'ils nous montrent chez le maître du logis de bien affirmer l'origine de sa fortune. Point de mythologie ici ; à côté d'une bouquetière et d'un pittoresque maraudeur, d'une promenade à cheval, d'arrangement très curieux et imprévu, on voit dans le grand panneau central une scène de transbordement de marchandises dans une barque qu'attendent de grands navires à l'ancre dans le port, allégorie réaliste du commerce, en même temps que tableau de genre extrêmement pittoresque.

Pierre Meusnier, qui était ingénieur des levées de la Loire, n'a-t-il construit que ces deux hôtels ? Cela est assez peu probable. Il habitait au bout du jardin des Lefebvre, sur la rue Chaude (aujourd'hui, 24, rue de la Préfecture), un petit pavillon à un seul étage qui est un modèle de grâce

et de bon goût, la plus parfaite de ses créations. Il nous semble aussi
retrouver sa manière dans plusieurs constructions du même quartier,
l'*hôtel Liébert* notamment, qui ouvre au n° 15 de la place Émile-Zola
sa vaste cour carrée aux lignes nobles et calmes, et où nous retrouvons la
disposition du fronton, la forme des lucarnes et les bossages réguliers
déjà signalés. Sur le flanc nord de la cathédrale, le bâtiment de l'ancienne
maîtrise ou *Psalette*, qui fait vis-à-vis au cloître Saint-Gatien présente

Cliché de l'auteur.

Place Émile Zola. — Hôtel Liébert.

aussi des caractères analogues, et l'on pourrait sans doute encore allonger
la liste.

Dans le quartier Saint-Martin, la rue des Trois-Pucelles (rue Briçonnet) vit s'élever au XVIII° siècle, en face de l'hôtel gothique de Pierre
Dupuy, deux hôtels mitoyens d'assez grande allure. L'un d'eux, occupé
aujourd'hui par une société d'alimentation, est désigné sous le nom
d'*Hôtel Choiseul*. Nous ne savons si cette dénomination illustre est
justifiée. Gouverneur de Touraine, le ministre de Louis XV devait
descendre à l'hôtel de la Bourdaisière devenu l'hôtel de Montbazon. Se
fit-il construire cette maison de ville pendant son exil à Chanteloup? c'est
ce qu'un chercheur heureux nous dira peut-être un jour. Toujours est-il

que ce logis, assez simple d'extérieur, conservait encore il y a peu de
temps de très belles boiseries qui ont été vendues. On y voit encore
une belle rampe d'escalier en bois sculpté dont le départ est formé par
une grande et large volute. Au premier étage, plusieurs cheminées,
également en bois, sont ornées de sculptures curieuses et quelque peu
naïves, représentant, par exemple, des paniers remplis de raisins, motif
tourangeau par excellence.

L'*Hôtel de l'Intendance*, qui fut sans doute bâti et sûrement occupé par Ducluzel, contient aujourd'hui les services de la maison Mame. Aucune sculpture, aucun agrément n'apparaît plus dans la cour rectangulaire ouverte au 18 de la rue des Halles ; mais les lignes générales des bâtiments ont conservé le caractère de simplicité élégante que l'on retrouve aussi dans une façade d'hôtel de la rue Marceau, n° 36, dans la maison Simon qui fut construite en 1780 sur l'emplacement d'une partie de l'hôtel de Beaune, faisant suite aux maisons de la rue Royale, dans plusieurs demeures, enfin, de la rue Colbert et de la place Foire-le-Roi.

Cliché de l'Auteur.

Hôtel Choiseul. — Rampe d'escalier.

L'*Archevêché* de Tours, saccagé par les huguenots, fut en partie
rebâti sous Henri IV et sous Louis XIII, sur le même emplacement, par
M⁹ Bertrand d'Eschaux. Les bâtiments de cette époque, très simples
quoique de grand style, se voient encore avec leurs combles à la française, joignant la vieille tour gallo-romaine dont nous avons parlé plus
haut. On y installa plus tard un grand escalier qui desservait la salle
synodale et les appartements. Ceux-ci sont contenus dans la partie beaucoup plus monumentale qui fut élevée par M⁹ Rosset de Fleury à partir
de 1755. On utilisa cette fois comme soubassement une orangerie en
terrasse construite au XVIIᵉ siècle, en partie sur le massif de l'ancien
rempart ; le prolongement de celui-ci, couronné d'une noble balustrade
et planté d'allées de tilleuls, encadre de terrasses régulières un magnifique jardin dessiné à l'anglaise. Le bâtiment lui-même, avec sa façade

classique, surmonté d'un fronton où s'inscrivaient les armes de l'archevêque, a tout à fait grand air. L'entrée, dessinée par Mgr de Conzié
(1774-1791) comprend un portail monumental pour lequel on utilisa les
matériaux de démolition de l'arc de triomphe de Louis XIV : elle est
flanquée de pavillons et de communs majestueux et se ressent bien des
visées colossales chères à l'architecture de cette fin du XVIIIe siècle.

L'intérieur du palais ne répond pas tout à fait à ses dehors fastueux.

Ancien palais de l'Archevêché.

La grande salle synodale actuelle a gardé peu de chose de sa décoration
du XVIIIe siècle. Il est difficile de se rendre compte de ce que fut sans
doute le goût et le luxe de l'ameublement de l'archevêché du XVIIIe siècle :
car celui-ci fut dispersé par la Révolution.

L'archevêché servit alors de bibliothèque et de musée, plus tard d'école
centrale. On songeait à y installer la préfecture lorsqu'il fut rendu à sa
destination première. La préfecture s'installa dans l'ancien couvent des
religieuses de la Visitation : celui-ci, avec ses bâtiments réguliers, ses
cours solennelles, dont l'une était le cloître des religieuses, son vaste
jardin admirablement planté qui s'étend jusqu'au Mail, constitue une

résidence qui n'est guère inférieure à la précédente. Nous savons que la construction primitive datait du règne de Louis XIII ; mais presque rien dans les parties qui, aujourd'hui, offrent un caractère d'art n'appartient au style de cette époque.

De très importants remaniements, opérés sous le premier Empire,

Cliché de l'Auteur.

Préfecture d'Indre-et-Loire. — Panneau de boiserie XVIIIᵉ siècle.

donnèrent à l'édifice son aspect actuel. Certaines parties à l'intérieur cependant, datent évidemment du XVIIIᵉ siècle. Ce sont par exemple les escaliers dont l'un reproduit, parait-il, la disposition stéréotomique très admirée de l'escalier construit sous Louis XVI à Marmoutier, l'autre soutenu par un pilier orné de triglyphes est décoré d'une rampe très régulière et de dessin un peu froid, mais qui parait encore cependant un beau morceau à mettre à l'actif des serruriers tourangeaux du XVIIIe siècle.

En haut de cet escalier dont le goût sévère et tout classique dénote la fin du XVIIIe siècle, s'ouvre une pièce qui servait autrefois de salle à manger à la supérieure, aujourd'hui de salle de billard au préfet, et dont la décoration de boiseries, d'un style charmant et délicat, ne peut dater que de 1720 à 1750 à peu près. Des cadres chantournés enferment, au-

Cliché de l'Auteur.

Préfecture d'Indre-et-Loire. — Commode de Chanteloup.

dessus des portes, de jolies grisailles, représentant des jeux d'enfants dans la manière enjouée et libre de Boucher, et certains panneaux, comme celui que nous reproduisons ici, offrent d'élégants motifs de décoration d'une exécution raffinée, d'une fantaisie délicieuse, mais dont la liberté est contenue par le goût le plus parfait. Ils sont dignes certainement d'être mis à côté des plus parfaits modèles de la boiserie française pendant la première moitié du XVIIIe siècle.

Dans un salon voisin se voit aussi l'une des œuvres les plus accomplies de l'art décoratif français de ce temps, c'est une commode provenant du château de Chanteloup, mais bien antérieure à l'exil de Choiseul ; elle fut apportée sans doute par lui de Paris, à moins qu'elle soit seulement entrée à Chanteloup, comme les Boucher, avec le duc de Penthièvre. Le corps

en est composé de panneaux laqués, imitant, dans le procédé et le dessin,
les œuvres de l'Extrême-Orient si fort à la mode en France sous Louis XV,
au temps de la Régence surtout. Les bronzes dorés qni la garnissent font
à ces chinoiseries de fantaisie un cadre d'une richesse et d'une harmonie
incomparables. On ignore le maître ciseleur à qui attribuer ces merveilles
d'un goût si français, mais c'est certainement l'un des plus grands artistes
de son temps.

Le cabinet du préfet renferme un admirable bureau qui provient aussi
de Chanteloup, mais date d'une époque postérieure, celle de Louis XVI.
On y voit également deux cartes du duché de Touraine dont l'une est
ornée de peintures curieuses, représentant des scènes militaires et portant
la signature *C. Cozette*.

C'est pendant le XVIIᵉ et le XVIIIᵉ siècles que la ville de Tours
prit dans le dessin général de ses rues et de ses boulevards la physionomie régulière que nous lui voyons aujourd'hui, sauf en quelques
quartiers qui ont gardé jusqu'à nos jours le pittoresque et la fantaisie du
moyen âge.

Dès la fin du XVIᵉ siècle, on avait résolu d'agrandir l'enceinte de la
ville. On engloba les anciens faubourgs de la Riche, de Saint-Éloi, de
Saint-Étienne, etc. Sur les plans de Jacques Androuet du Cerceau, architecte royal, une nouvelle enceinte bastionnée fut entamée à l'intérieur de
laquelle on commença, sous Henri IV, de planter cet admirable *Mail*,
très vanté déjà par les voyageurs d'autrefois, qui forme aujourd'hui les
boulevards Béranger et Heurteloup. De la terrasse du Mail, la vue s'étendait alors jusqu'au Cher sur une plaine fertile et sur une longue chaîne
de côteaux couverts de vignes, de bois et de maisons de plaisance. Ces
nouveaux remparts ne furent achevés qu'à la fin du XVIIᵉ siècle ; ils ont
été démolis au XIXᵉ, mais certaines petites rues voisines des boulevards
ont encore gardé dans leur dessin en zigzag la trace du dessin des anciens
bastions dont on retrouve aussi des fragments ici et là. De même les
anciennes fortifications de Tours et de Châteauneuf avec leurs portes
garnies de tours avaient disparu peu à peu et nous n'en avons retrouvé
que quelques débris englobés çà et là dans des constructions modernes.
Des rues régulières furent tracées sur l'emplacement des anciens fossés,
rue des Fossés-Saint-Georges, rue des Fossés-Saint-Martin, etc. Des rues
nouvelles, largement percées, furent créées dans les quartiers neufs, la
rue des Ursulines ou la rue Chanoineau, par exemple. On commença
surtout à compléter et à rectifier le tracé de la petite rue Traversaine,

qui allait devenir au XVIIIe siècle la rue Royale, perpendiculaire à la
Loire et à l'ancienne Grande-Rue. A son extrémité nord, à travers un
terrain dépendant de l'abbaye de Saint-Julien, elle rejoignit le rempart
confondu ici avec la levée de la Loire. C'est là que la municipalité

Portail de l'Archevêché.

décida, en 1688, sous la pression officielle de M. de Nointel, l'intendant,
qui assistait à ses délibérations, de dresser à la gloire du roi une porte
triomphale comme on l'avait fait par deux fois à Paris au faubourg
Saint-Denis et au faubourg Saint-Martin et comme tant d'autres villes
de France allaient le faire plus ou moins spontanément, vers le même
temps.

Des portes monumentales avaient dû déjà être ouvertes dans la nouvelle

enceinte. En 1624, il est question d'une *porte Henry* pour laquelle
on demande des modèles d'ornement à un artiste parisien nommé
Lesueur, sans doute Hubert Lesueur, sculpteur du roi. Cette fois il
semble bien que le projet d'ensemble fut demandé à *Jules Hardouin-
Mansart*, architecte officiel, et nous sommes sûrs que le modèle de
la statue pédestre du roi qui devait couronner le monument fut commandé et payé à *Girardon*, fournisseur attitré des effigies royales.

Cliché Neurdein

Le Pont de pierre.

Étienne Chevalier, dessinateur des bâtiments du roy, eut la direction
des travaux, et l'on ne s'adressa à des Tourangeaux que pour les
ouvrages de maçonnerie, confiés à *Martin Baudequin*, qui avait auparavant exécuté dans les mêmes conditions l'église des Jésuites, et pour
la sculpture des parties secondaires de l'ornementation donnée à un
nommé *Jean Roussel*.

Le monument, d'après les dessins qui nous le montrent, soit en projet,
soit dans sa réalisation partielle (le principal a été publié par M. Louis
de Grandmaison) était composé d'une porte centrale en plein cintre,
accostée de quatre colonnes à chapiteaux corinthiens, et flanquée de deux

petites portes plus basses qui rejoignaient les constructions de droite et
de gauche, formant ainsi une véritable porte de ville plutôt qu'un arc de
triomphe. Le couronnement ne fut jamais exécuté et le *Portail neuf*,
comme on l'appelait, disparut en 1775, moins de cent ans après sa dédicace à Louis le Grand. Les matériaux servirent à construire le portail de
l'archevêché, dans le dessin duquel il ne faut du reste chercher aucun
souvenir du style de l'arc de triomphe, la forme même des chapiteaux
ayant été complètement modifiée.

La rue Royale (Aujourd'hui rue Nationale).

Moins noble et moins ambitieux, mais certainement plus utile avait
été le projet réalisé quelque temps auparavant lorsque, devant l'excès de
la misère publique et la surabondance des misérables et des mendiants
qui encombraient la ville, on avait résolu en 1656, comme on avait dû le
faire à Paris vers le même temps, de construire un hospice général. On
utilisa, en les agrandissant, les bâtiments d'un *Sanitas* situé en dehors de
la ville à l'ouest, et occupé auparavant par les lépreux et les pestiférés
qui furent relégués plus loin. Les travaux furent menés par Daniel
Massé, maître des œuvres de maçonnerie de la ville. Transformés plus
tard, ils formèrent le premier noyau de l'hôpital moderne de Tours.

L'embellissement de la ville, l'élargissement de ses rues et de ses places, la démolition des vieux remparts, se continuèrent lentement pendant la première moitié du XVIIIᵉ siècle, avec une ardeur et des ambitions singulières pendant la seconde. On rêvait alors de ces ensembles réguliers et monumentaux dont le plus célèbre fut à Paris la place Louis XV, aujourd'hui place de la Concorde, ordonnée par l'architecte Gabriel. Orléans avait réalisé quelque chose d'approchant ; Tours ne voulut pas rester en arrière. On conçut, entre 1750 et 1760. les projets d'une rue régulière aboutissant à une vaste place et d'un pont monumental destiné à remplacer le vieux pont gothique qui seul traversait la Loire jusque-là et qui fut démoli en 1784.

Malheureusement. l'argent manquait pour la réalisation; on avait compté sur l'appui de la royauté qui longtemps ne voulut rien entendre. Il fallut le crédit de Choiseul et l'activité de Ducluzel pour faire aboutir ces idées de grandeur. Dès avant l'arrivée de ce dernier, en 1765, la première pierre du pont était posée ; mais c'est lui qui obtint du pouvoir l'abandon de certaines taxes destinées à enrichir un peu le budget de la ville. et certaines dispenses d'impôt qui devaient encourager les propriétaires à faire construire le long de la rue nouvelle selon des plans qu'on leur imposait d'avance.

Les travaux du pont, dirigés d'abord par M. de Bayeux, puis par M. de Limay après 1773, n'allèrent pas sans difficulté. Il fallut d'abord faire intervenir la force armée pour expulser *manu militari* les habitants de l'île Saint-Jacques qui se trouvait dans l'axe du nouveau pont et dont les terres remuées à grand'peine vinrent constituer le terre-plein intermédiaire entre la rue et le pont sur la rive gauche. Plus tard, en 1773, un accident survenu au cours des travaux nécessita l'intervention du célèbre ingénieur Perronet. Après l'achèvement, une débâcle, en 1789, emporta encore les quatre dernières arches qu'il fallut reprendre sur nouveaux frais. Mais, dans l'ensemble, le pont était achevé en 1779 et c'était le plus beau travail de ce genre qui ait été exécuté en France avant celui de Bordeaux. Il a fort grand air encore avec ses quinze arches de pierre aux lignes robustes que ne dépare aucun ornement superflu. ses escaliers monumentaux qui descendent à la berge et où la municipalité fit placer en 1798 quatre grands vases de marbre de dessin très simple et très pur provenant du parc de Chanteloup. Enjambant le large fleuve coupé d'îles, au pied des coteaux de Saint-Symphorien, le pont de Tours constitue un des éléments essentiels de ce paysage simple et grandiose dont nous avons dit la beauté et le caractère typique.

Quant à la rue qui devait remplacer l'étroite et tortueuse rue Traversaine, sa réalisation non plus ne fut pas des plus faciles. En 1765, on commença les démolitions. En 1767, la largeur de la rue nouvelle était fixée,
les plans des façades arrêtés ; mais les habitants ne mettaient aucun
empressement à reconstruire : les moines de Saint-Julien, en particulier,
accumulaient difficultés sur difficultés. En 1777, une seule maison était
élevée suivant le type nouveau. L'administration dut se mettre à construire elle-même ses façades et à établir au moins le rez-de-chaussée de
chaque maison. Beaucoup en restèrent là pendant assez longtemps. Çà et
là des pierres d'attente apparaissent encore. A la veille de la Révolution

Le Musée et l'ancien Hôtel de Ville.

cependant, la rue existait à peu près complète, mais, remarquait un contemporain, très morne et silencieuse. Cela a bien changé depuis et
Ducluzel se trouve, bien que son entreprise n'ait pas réussi tout de suite,
avoir doté la ville de Tours de sa plus belle voie, de celle où la vie
de la ville moderne s'est pour ainsi dire concentrée. Prolongée par l'avenue de Grammont et le pont du Cher d'une part, par le pont de la Loire
et la *Tranchée* ouverte dans le coteau Saint-Symphorien d'autre part,
cette gigantesque percée offrit un passage magnifique à travers le cœur
de la ville de Tours à la route d'Espagne.

Ce dessein colossal, réalisé non sans grandeur dans son ensemble,
eût-il pour la beauté même de la ville une réussite aussi complète ? Il
est permis de penser que non. Le décor des façades grises, régulières et
sans beauté, s'aligne d'une façon terriblement monotone aux deux côtés,

de la rue. On sent de plus, dans leur sévérité un peu nue, non seulement l'austérité voulue du style classique de l'époque de Louis XVI, mais la hâte et l'économie forcée d'une construction faite par ordre et sans entrain. Enfin cette ordonnance régulière eut le grand tort de détruire sans pitié tout le pittoresque historique d'un quartier de Tours. Elle supprima, au carrefour de la rue des Fossés-Saint-Georges (aujourd'hui rue de Clocheville et rue Émile-Zola) la place Saint-Louis qui eût rompu son uniformité ; elle ne sut respecter, dans son alignement implacable, ni les façades de l'hôtel de Beaune, ni celles de l'hôtel Bohier qu'elle dissimula derrière son revêtement factice ; elle balaya la charmante fontaine du carroy de Beaune et enterra à peu près complètement la belle église de Saint-Julien. Légitime sans doute si elle se fût réalisée sur un terrain vierge, comme la place de la Concorde et comme la place Stanislas à Nancy, cette grande opération d'édilité monumentale fait prévoir ici les brutalités dévastatrices à la Haussmann qui ont altéré de notre temps la physionomie historique de tant de villes anciennes.

En dehors des façades sans grand caractère de la rue Royale qui avaient été dessinées, paraît-il, par un architecte de Reims nommé Lefebvre, cette opération donna-t-elle au moins à la ville de Tours quelques édifices importants ? Là encore, le résultat fut plutôt médiocre. Des quatre monuments groupés deux par deux aux extrémités de la rue, un seul fut exécuté avant la Révolution ; c'est l'ancien Hôtel de Ville qui fut construit sur l'initiative de Ducluzel de 1777 à 1786, sous la direction de M. de Limay. Remplacé aujourd'hui, il doit bientôt abriter la bibliothèque. C'est un vaste bâtiment sans grâce, dont les lignes régulières continuent le dessin des maisons de la rue. Sur la façade qui regarde la Loire, un beau balcon de pierre d'où la vue est incomparable, un lourd fronton meublé d'allégories banales du Commerce et de l'Industrie, deux petits bas-reliefs assez élégants, mais plutôt mesquins, figurant le Cher et la Loire, viennent seuls égayer cette architecture de caserne. Le sculpteur Bonnechose, qui avait exécuté les sculptures et touché pour ce travail la somme de 4.000 livres, réclama en 1786, disant qu'il y avait perdu de l'argent. Les temps étaient durs, la gratification demandée fut refusée par la ville.

Le Musée qui fait pendant à l'Hôtel de Ville fut édifié seulement en 1828. A l'autre extrémité de la rue, le Palais de Justice et le nouvel Hôtel de Ville sont postérieurs encore : nous y reviendrons tout à l'heure.

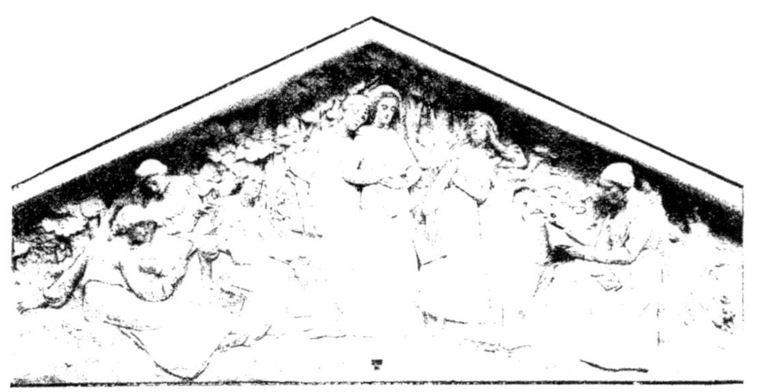

Fronton de la façade du lycée de jeunes filles par *François Sicard*.

CHAPITRE V

TOURS MODERNE

La période révolutionnaire ne fut, à Tours, ni très sanglante, ni beaucoup plus destructrice que ne l'avaient été les guerres religieuses du XVIe siècle. Les passions y furent très ardentes cependant et des troubles graves s'y produisirent, surtout après la chute des Girondins et le départ de Tallien, commissaire de la Convention à Tours jusque dans les derniers mois de 1793. Les couvents et les églises furent fermés ; un grand nombre d'édifices furent vendus comme biens nationaux dès 1791-1792 : mais les plus importants furent rachetés à ce moment par la municipalité et la cathédrale fut conservée ; en novembre 1793, on la consacra au culte de la Raison et de l'Être suprême, à peu près intacte, mais agrémentée de montagnes de terre formant autel, décorée d'un obélisque et du buste de Marat. Les objets du culte furent dispersés et les métaux précieux envoyés à la Convention pour aider à la défense nationale.

Il est à remarquer ici, comme presque partout du reste, que les grandes destructions architecturales furent très postérieures à la période de la Terreur. L'église de Saint-Martin, qui avait d'abord servi à loger des troupes, ne fut démolie qu'en 1797 et 1799. Les bâtiments de Marmoutier subsistèrent beaucoup plus tard encore, et l'on se demande s'il ne convient pas d'accuser de la destruction de tant de monuments précieux l'incurie, et peut-être aussi l'intolérance de goût des époques qui ont suivi la Révolution plutôt que la fureur des révolutionnaires. Au moment même où les esprits étaient le plus exaltés contre les prêtres rebelles à la Constitution civile du clergé, contre les Vendéens menaçants, bien des hommes se sont trouvés à Tours, comme ailleurs, qui eurent le souci de conserver des témoignages importants de l'art du passé et constituèrent, par exemple, ce dépôt de tableaux et de statues provenant des églises ou des châteaux de la région, l'un des fonds primitifs du Musée de Tours, qui fait songer au musée parisien d'Alexandre Lenoir.

Il ne subsiste guère plus à Tours qu'ailleurs de témoignages des conceptions artistiques des hommes de la Révolution. On vécut trop vite à cette époque, les réalisations furent hâtives et passagères, les monuments à peine élevés se renversèrent trop rapidement pour avoir laissé trace durable. Il faut noter cependant la décoration de l'ancienne salle synodale de l'archevêché qui servit de salle de banquets nationaux, et dont le décor des colonnes ioniques badigeonnées à la chaux, classique, austère et glacial, est bien dans le goût du temps. Nous signalerons aussi aux Archives départementales un très curieux modèle de bas-relief en plâtre, signé *Alexandre Regnault, statuaire*, dont la facture élégante rappelle la manière des artistes encore imbus des traditions du XVIIIe siècle, d'un Boizot par exemple, mais dont les allégories compliquées et véhémentes, les pompeuses inscriptions : sacrifice à la nature, honneur aux héros de la patrie ! les symboles, chargés de pensées, rendus par des figures académiques ou par des amours jouant, qui avec un triangle, qui avec un bonnet phrygien, sont tout à fait caractéristiques des essais de l'iconographie révolutionnaire.

Après cette période agitée, Tours suivit sans éclat et sans bruit les destinées de la France à travers les différents régimes qui se succédèrent. Le régime impérial y fut surtout marqué par des impôts très lourds, des disettes, de la misère, des passages de troupes, des entassements de prisonniers ravagés par les épidémies, avec de brèves apparitions de l'Empereur, célébrées par des fêtes plus ou moins enthousiastes ; une fois, il séjourna un jour et demi à l'archevêché où l'on montrait encore récemment sa chambre décorée en damas jaune et garnie de meubles en acajou à appliques de cuivre. Le gouvernement de la Restauration ne s'intéressa guère davantage à la Touraine.

Aucune époque ne fut, à Tours, plus médiocre dans ses résultats artistiques que celle du premier tiers du XIXe siècle. Un certain nombre de changements s'opérèrent pourtant dans la ville, destruction de vieux bâtiments, rectification d'alignements, ouverture de rues et de places. C'était le plan du XVIIIe siècle qui se continuait par les ordres de la municipalité, sous la direction de l'architecte Jacquemin. Mais les constructions entreprises par cet architecte devant la cathédrale, ou sur le côté nord de la place de l'Archevêché, celles qui remplacèrent l'hôtel de la Bourdaisière sur la place Foire-le-Roi, celles des casernes et du grand séminaire furent d'une banalité et d'une pauvreté insignes.

Dès 1795, certaines églises avaient été rendues au culte, l'ancienne église des Jésuites l'une des premières ; la cathédrale le fut seulement

Cliché de l'Auteur.

La Préfecture.

en 1801. On les remeubla avec ce qui s'était conservé des unes ou des autres. Nous avons noté aussi quelques affectations d'œuvres d'art passées des églises détruites à celles qui furent conservées. On créa peu à cette époque et fort heureusement sans doute, si l'on en juge par certaines boiseries des chapelles de la cathédrale et par la décoration plaquée dans le transept nord, d'un style classique aussi lamentable que le triste saint Martin qui y figure, peint par Schnetz en 1824.

L'archevêché fut affecté de nouveau à sa destination primitive en 1804. L'année suivante, la préfecture fut logée dans l'ancien couvent de la Visitation. Le général Lambert, préfet, y fit faire, en 1807-1808, d'importants travaux d'aménagement et de décoration extérieure. L'ordonnance de la façade principale, avec ses pilastres colossaux et son impeccable entable-

ment décoré de triglyphes, date de ce moment, comme aussi sans doute
l'avant-corps central de la façade sur le jardin. On utilisa pour l'entrée
une belle grille en fer forgé de la seconde moitié du XVIII siècle, venant
de l'abbaye de Beaumont, et l'on décora la cour centrale d'une série de
colonnes en marbre surmontées de bustes d'empereurs romains provenant
de Richelieu et qui appartenaient au dépôt révolutionnaire, devenu le
Musée de Tours.

Ce dépôt en effet avait été d'abord installé par les soins de *Rougeot*,
premier directeur de l'Ecole gratuite de dessin de Tours, et par son gendre
Raverot, qui lui succéda plus tard, sous les galeries du cloître Saint-
Martin, puis dans l'église de l'Union chrétienne. En 1793, on organisa un
véritable musée dans le ci-devant archevêché qui abritait aussi la Bibliothèque, l'Ecole de dessin et l'Ecole centrale. Lorsque l'archevêque rentra
dans son palais, les collections émigrèrent à la Visitation, avec la préfecture ; elles trouvèrent ensuite un asile provisoire dans l'ancienne Intendance, jusqu'en l'année 1825, où les locaux en furent vendus. La Bibliothèque resta à la préfecture jusqu'en 1862 ; elle s'installa à cette date dans
les bâtiments médiocres de la manufacture Papion du Château, où elle
est encore et d'où la construction du nouvel hôtel de ville va lui permettre
de sortir. Elle emportera, espérons-le, la belle décoration d'armoires et
de boiseries XVII siècle, venant de Chanteloup, qui faisait un cadre
somptueux à sa collection de manuscrits.

La construction du Musée définitif eut lieu de 1825 à 1828 : c'est une
assez lourde bâtisse élevée pour faire pendant à l'hôtel de ville de M. de
Limay ; l'épaisseur pâteuse des allégories qui en décorent la façade suffi-
raient à indiquer sa date. Le rez-de-chaussée a abrité pendant tout le
milieu du siècle l'Ecole de dessin, le premier étage les collections de peintures et le second celles d'histoire naturelle. La distribution des salles
est assez bonne, mais plusieurs sont mal éclairées et trop étroites. On a
aggravé récemment l'incommodité de ce local en encombrant mal à propos
son vestibule des restes mortels d'un éléphant gigantesque qui eut la
mauvaise idée de mourir à Tours. Espérons que l'on éliminera bientôt
cette curiosité pour badauds qui serait si bien au Jardin des Plantes ! Les
oiseaux empaillés et les fossiles devraient l'y suivre et céder à la peinture
les salles du second étage. Enfin, l'Ecole des Beaux-Arts étant déplacée,
on pourra sans doute bientôt installer au rez-de-chaussée une salle de
sculpture qui fait gravement défaut et débrouiller le chaos des documents
archéologiques entassés sous l'escalier. Les collections municipales
accrues par les envois de l'Etat valent bien cet effort !

Le premier fonds du Musée avait été composé des objets précieux recueillis dans les châteaux, églises ou couvents fermés révolutionnairement. Malgré l'importance de ce fonds, le Musée de Tours fut oublié en 1800 lors de la création officielle des Musées des départements. Des échanges cependant eurent lieu dès 1802 ; en 1803 un envoi important de l'Etat vint consacrer l'existence du Musée de Tours et accroître surtout ses collections de peintures françaises. En même temps, certains des

Rubens. — Ex-voto (Musée de Tours).

tableaux italiens réunis jadis au château de Richelieu étaient revendiqués pour le Musée central : le *Parnasse* de Mantegna, la *Continence de Scipion*, attribuée au Primatice, l'*Amour et la Chasteté* du Pérugin, deux toiles de Lorenzo Costa, provenant comme les précédentes du salon d'Isabelle d'Este. Au cours du XIXe siècle, les acquisitions de la ville, celle en particulier des collections Cathelineau et Schmidt, les dons Larrey, Baron, Charpentier, etc., vinrent, avec de nouveaux envois de l'Etat, enrichir le Musée et en faire une des collections d'art les plus intéressantes, sinon les plus considérables de la province française.

Nous avons déjà mentionné, au cours des chapitres précédents, les œuvres assez nombreuses qui s'y rattachent à l'art tourangeau ou à l'art français en général des XVIIe et XVIIIe siècles. Nous insisterons moins sur celles qui ne se trouvent là que par le hasard des répartitions officielles, des dons ou des legs particuliers.

Nous ne pouvons omettre, cependant, de signaler ici les deux admirables panneaux de Mantegna que l'administration centrale envoya à Tours au début du XIXe siècle, peu de temps après avoir réclamé les tableaux de Richelieu. Ces deux panneaux, représentant le *Jardin des oliviers* et la *Résurrection*, entouraient autrefois un *Calvaire* et constituaient la prédelle d'un grand retable ramené de Vérone par l'armée d'Italie : les parties principales du triptyque, la Vierge du panneau central et les Saints figurés sur les volets, furent renvoyés à Vérone en 1815. Le Calvaire seul resta au Louvre. Les deux morceaux de Tours sont en belle place aujourd'hui au Musée et y sont appréciés à leur valeur. Mais on ne peut s'empêcher de regretter la dispersion de l'ensemble, reconstitué seulement par la belle gravure de M. Achille Jacquet.

Quelques autres peintures italiennes primitives, une *Annonciation* de la fin du XIVe siècle, une *Vierge et des Saints* de la même époque, une *Circoncision* de l'école vénitienne du XVe siècle, proviennent de la dispersion de la collection Campana sous le second Empire ou de dons récents. Les deux toiles de Rubens furent envoyées à Tours sous le Consulat. Le *Mars couronné par la Victoire* qui figurait jadis, paraît-il, à Versailles, est une grande composition d'une belle allure décorative, et où certains morceaux, tout au moins, rappellent les admirables qualités de peintre de Rubens. L'*Ex-Voto*, où l'on voit deux donateurs, homme et femme, en prière devant une plantureuse vierge flamande d'un type cher à Rubens, passait autrefois pour offrir les portraits de l'imprimeur Christophe Plantin et de sa femme. Ce fut même le prétexte, Plantin étant né à Saint-Avertin, près de Tours, de l'envoi du tableau en 1803. On a démontré qu'il s'agissait de simples bourgeois anversois sans rapports avec la Touraine. Il n'en reste pas moins que ce sont deux admirables effigies d'une largeur de touche et d'une vérité physionomique singulières.

Les précurseurs de Rubens sont représentés par un triptyque de Van Orley et par un curieux *Enlèvement d'Hélène* de François Francken, les Hollandais par un joli portrait d'hommes de Terburg et un grand groupe familial attribué à Cuyp. Le nom de Rembrandt peut enfin prendre place avec quelque vraisemblance sur deux toiles du Musée : l'une, répétition d'un petit portrait de vieillard que l'on croit être le père de

Rembrandt, vient de la collection Schmidt, l'autre, attribuée par Montaiglon à Bol ou à quelque suivant du maître, est considérée aujourd'hui comme une œuvre de sa main et comme un portrait de sa chère Saskia. C'est un charmant profil de jeune fille à l'expression douce et un peu triste, enlevé en pleine lumière sur un fond olivâtre d'une riche harmonie. Le tableau a été légué au Musée en 1872 par Victor Petit de Vauzelles.

L'art du XIXe siècle, comme il arrive malheureusement trop souvent dans nos musées de province, composés d'envois de l'Etat et d'achats faits sans plan arrêté, n'est guère représenté méthodiquement ici. Peu de peintres tourangeaux : la Touraine, à vrai dire, n'en a guère produit pendant ce siècle, Berthon de Tours, élève de David, qui a peint abondamment sous l'Empire, sous la Restauration et sous Louis-Philippe, est absent ; l'on ne saurait réellement en avoir de regrets bien vifs. Boilly, sans être Tourangeau, fit d'assez fréquents séjours à Tours, comme en témoignent encore de nombreux portraits conservés dans les collections et les familles de la ville : une délicate figure d'enfant signée de lui est entrée au Musée avec la collection Schmidt. Quelques bons portraits et d'amusantes études de genre d'une exécution assez savoureuse sont dus à Cathelineau

Cliché Peigné.
Louis Boulanger. — Portrait de Balzac.
Musée de Tours.)

professeur de dessin à Tours (mort en 1859), qui fut un petit maître dans la tradition de Drolling et de Boilly.

Parmi les envois de l'Etat s'est trouvé, en 1848, le tableau des *Bouffons Arabes* de Delacroix, qui est sans contredit l'œuvre capitale de la peinture du XIXe siècle conservée à Tours. C'est une de ces impressions vivantes, colorées et pittoresques rapportées du Maroc par le grand artiste. On a rapporté aussi récemment au Musée, venant de l'ancien Hôtel de Ville, une copie, donnée à la ville par Mme Pelouze, du *Sardanapale* de Delacroix. Cette copie, qui n'est pas sans valeur, est signée d'Andrieu, élève du maître. Son importance s'accroît du fait que l'original de cette composition, d'un romantisme si tumultueux et d'une exécution si puissante, est passé à l'étranger. Un *Serment de Brutus*, correct et froid d'Élie Delaunay, daté de Rome 1866, représente par contre la manière de l'école classique. Quant aux paysagistes, si les grands noms de Rousseau, de Corot, de Daubigny manquent ici, deux jolies toiles de Français et, parmi les modernes, des aspects de nature pris en Sologne par M. Damoye, dans le Vendômois par M. Busson, en Touraine par M. Barau, et surtout le paysage de Loire, si lumineux et si juste, d'Hector Leliepvre, témoignent de l'importance de l'école et montrent son évolution dans la deuxième moitié du XIXᵉ siècle.

Notons encore le *Velpeau enseignant* de Feyen-Perrin, l'*Egyptologue* de M. Moreau de Tours, un incomparable portrait de M. Legros, digne par sa tenue et sa pénétration des plus grands maîtres du XVᵉ et du XVIᵉ siècle, un dessin de Gaillard qui est de la même qualité ; enfin, deux portraits de Balzac, l'un au pastel par Court et l'autre, beaucoup plus significatif dans sa manière libre et son accent de premier jet par Louis Boulanger. Le dernier surtout est un document iconographique de premier ordre.

Les sculptures importantes sont plus rares. Un buste à l'antique assez banal de Napoléon Iᵉʳ porte la signature de Chaudet, un autre du même auteur offre de *Chaptal*, une image assez mesquine mais précise. Une *Innocence* de Lemire, envoi de 1820, vaut d'être notée pour ce que ce parent éloigné de Clodion y a mis encore de grâces XVIIIᵉ siècle. Le reste, *Chute des feuilles*, *Amphion*, *Mercure et Amour*, ne dépasse pas l'honnête moyenne des morceaux de Salon achetés annuellement par l'État et répartis tant bien que mal entre les musées de province, exception faite pour le *Faune* dédié à la mémoire de Rude par *Just. Becquet* (1880), qui est un morceau significatif et respectable. Plus intéressants à rencontrer ici, pour témoigner au moins des succès scolaires d'artistes sortis récemment de l'École des Beaux-Arts de Tours, sont les morceaux de concours et de prix de Rome de MM. *Roulleau*, *Sicard*, *Alaphilippe*, et aussi la série des plâtres originaux de l'un d'eux, M. Sicard, dont nous verrons tout à l'heure en place la contribution à l'embellissement de la ville moderne : il a tenu à faire figurer au musée de la ville qui l'a vu naître et qui a soutenu ses débuts les modèles des œuvres comme l'*Agar* et le *Bon Samaritain* qui ont fait ailleurs le succès de son talent loyal et robuste.

Après la construction du Musée, l'art officiel vécut encore à Tours sur les formules classiques héritées de la fin du XVIIIᵉ siècle et de l'Empire. La preuve en est dans le terrible Palais de justice élevé vers 1840.

dont la façade dorique, la salle des Pas-Perdus néo-grecque offrent un
des plus remarquables exemples du style que les ateliers ont baptisé
« pompier ». L'architecte Jacquemin, aidé de son fils, y réalisa ce que son
éducation, antérieure à la Révolution, pouvait lui faire rêver de plus

Cliché Peigné.

Monument du square Emile-Zola, par *François Sicard*.

classique. La prison voisine, inaugurée en 1843, s'abstint de ces prétentions au grand style. Mais lorsqu'il s'agit d'édifier une gare ou, comme
l'on disait alors, un « embarcadère » pour le chemin de fer solennelle-
ment inauguré par le duc de Nemours et le duc de Montpensier en 1846,
c'est au plus pur style ionique que l'on eut recours pour la façade, celui
que Hittorf appliquait vers le même temps à la gare du Nord à Paris.
Remarquons cependant qu'on signalait déjà comme une curiosité la

légère charpente en fer qui recouvrait la première gare de Tours et qui a été bien dépassée depuis !

Vers cette époque un mouvement très intéressant se produisait, un peu par toute la France, mais à Tours en particulier : c'est cette sorte de renaissance archéologique qui remit en honneur notre art du moyen âge et du XVI° siècle, qui aboutit à la sauvegarde et à la restauration de beaucoup de monuments menacés, qui amena aussi quelques créations curieuses où le pastiche et l'imitation à contre-sens dénaturèrent toutefois assez souvent les principes féconds puisés dans les exemples anciens. La réunion, en 1838, d'un Congrès archéologique à Tours, sous la présidence d'A. de Caumont, l'un des émules des Mérimée, des Lassus, des Viollet-le-Duc, l'envoi d'une lettre aux curés du diocèse, où l'archevêque appelait leur attention sur les monuments dont ils ont la garde, la création au petit séminaire d'un cours d'archéologie confié à l'abbé Bourassé, le rédacteur de la lettre précédente et l'un des hommes qui ont le plus fait à Tours vers cette époque pour la résurrection du passé national, la fondation, en 1840, de la Société archéologique de Touraine, la publication de savants travaux et d'ouvrages de luxe, comme la *Touraine* de 1855, édités par la maison Mame, tous ces faits significatifs, tous ces efforts réunis, aboutirent à la restauration de plusieurs églises de Tours, à celle surtout de Saint-Julien qui, tentée dès 1843, fut l'œuvre de l'abbé Plailly et de l'architecte Gustave Guérin.

Celui-ci, né en 1814, nommé architecte diocésain en 1837, déploya jusqu'en 1881, date de sa mort, une activité considérable tant pour la remise en état des églises anciennes de Tours et de la Touraine, que pour la création de nouveaux édifices. La restauration de la cathédrale commença en 1848 par le portail, dont Toussaint, élève de David d'Angers, refit les statues; les verrières furent réparées de 1852 à 1863, la chapelle de la Vierge en 1875. M. Marcel Lambert, successeur de Gustave Guérin, s'est employé de nos jours à la rénovation du couronnement des tours. L'importante restauration de Notre-Dame-la-Riche, où les deux portails furent entièrement refaits, est de 1852, celle de Saint-Pierre-des-Corps de 1866. Parmi les nombreuses œuvres personnelles de Guérin, on peut citer la chapelle du petit séminaire (1849), dans le style gothique, celle des Lazaristes (1866) dans le style roman avec des coupoles en briques, l'église Sainte-Anne dans la commune de Lariche-extra (1857), l'église de Joué-les-Tours (1858) et bien d'autres dans un rayon plus étendu où nous ne le suivrons pas. Guérin se préoccupa soigneusement non seulement de la construction, mais de la décoration de ces églises neuves ou rénovées.

Des autels comme ceux de Saint-Julien et de Saint-Saturnin affirment son souci du détail. Il fut aussi des plus actifs à encourager, pour réparer le vandalisme des époques précédentes, l'industrie renaissante du vitrail.

L'abbé Plailly, plus tard curé de Saint-Julien, avait dessiné et fait cuire lui-même des vitraux destinés à son église de Saint-Pierre-des-Corps. Une manufacture se fonda en 1848 sous la direction du dessinateur Marchand qui avait relevé les verrières de la cathédrale, puis du peintre Léopold Lobin. Les produits de cette fabrique qui a continué acti-

Le Palais de Justice.

vement jusqu'à nos jours, ont été très abondants : on en trouve un peu partout à Tours et en Touraine ; les plus remarquables sont ceux de Saint-Julien, de Saint-Saturnin et de Saint-Pierre-des-Corps, la paroisse des verriers, etc. Ils ont été très admirés et très vantés jadis par ceux qui furent les premiers à saluer, ou crurent devoir encourager de tout leur pouvoir, cette renaissance de l'art religieux en Touraine. Nous sommes peut-être un peu plus sévères aujourd'hui, et nous ne pouvons nous empêcher de constater, à côté de certains pastiches assez réussis, le caractère hâtif et banal de cette production industrielle, le dessin sans caractère décoratif et sans personnalité, l'insuffisance surtout de la technique quand on la compare à celle des verrières anciennes.

En dehors de ses travaux religieux, Gustave Guérin eut assez souvent
l'occasion de travailler pour la ville ou pour les particuliers ; c'est lui qui
établit en 1866 les premiers marchés couverts de Tours, qui agrandit à
plusieurs reprises en 1840, 1866 et 1873, les bâtiments du Lycée et construisit en 1868 les établissements Tonnellé. On construisit, du reste,
beaucoup à Tours, sous le second Empire, au fur et à mesure de la démolition des remparts, le long des boulevards Béranger et Heurteloup, sur-

Cliché de l'Auteur.

La rue Descartes et le nouveau Saint-Martin.

tout dans les vastes espaces englobés après 1845 dans l'enceinte de la
ville, grâce au maire Walwein : une ville neuve régulière, qui s'étend
chaque année davantage, se dessina de chaque côté de l'avenue de Grammont. Mais l'esprit archéologique qui avait prévalu porta très souvent les
architectes à adopter pour ces habitations modernes l'un des styles qui
avaient fleuri jadis en Touraine, celui surtout de la Renaissance du
XVIe siècle. Leurs adaptations, continuées jusqu'à nos jours, généralement
discrètes et assez simples, les proportions modestes et harmonieuses de la
plupart de ces maisons donnent aux nouveaux quartiers de Tours, un
aspect élégant, un peu monotone et neutre ; car tous ces pastiches manquent évidemment d'originalité et de fantaisie ; on y sent, de même que

dans les églises neuves dont nous parlions tout à l'heure, le respect et
l'intelligence des créations du passé, l'ingéniosité à utiliser des procédés
constructifs et des inventions décoratives dont on comprend la grâce et la
valeur, mais l'impuissance, en même temps, d'un art trop savant qui
renonce pour lui-même à toute invention, à toute personnalité.

C'est une impression analogue que nous font éprouver les produits de
l'art industriel du dernier siècle. Ce que nous avons dit à propos des

Cliché Peigné.

Intérieur de la basilique de Saint-Martin.

vitraux, nous pourrions le redire à peu près des soieries dont les fabriques
connurent au XIXᵉ siècle un renouveau de prospérité matérielle très sensible et un succès mérité, même de ces produits céramiques très vantés
dont le principal créateur fut *Avisseau* père. Artiste très désintéressé et
très chercheur, technicien souvent habile, celui-ci tomba dans le travers
de son temps. Il crut trouver dans l'imitation de la Renaissance la voie
de la création moderne, et s'inspira trop directement des majoliques italiennes, des poteries françaises du temps de Henri II, surtout des faïences
encombrées de motifs naturalistes de Bernard Palissy, modèles dange-
reux du reste et d'un goût très contestable. D'assez nombreuses pièces
représentent l'art d'Avisseau au Musée de Tours, celui de son fils et de

Brard qui a continué ses procédés, notamment un grand drageoir légué par M. Cottier et des séries de plats contenant des poissons ou des animaux en plein relief colorés au naturel. A l'archevêché, on voyait une aiguière offerte au cardinal Meignan et signée d'Avisseau le fils qui était d'un style pur et plus châtié, mais encore conçue suivant des formules toutes archéologiques.

En dehors des monuments de cette « Renaissance tourangelle » un peu factice, le second Empire a vu s'élever à Tours quelques constractions publiques ou privées, où le style officiel de l'époque, celui qui s'exprime à Paris dans les architectures de Lefuel et de Visconti s'affirme aussi dans l'emploi d'éléments classiques souvent chargés et composites, dans la recherche de l'aspect luxueux et cossu, recherche tempérée, du reste ici, par un certain goût général. C'est par exemple, la Caisse d'épargne, datée de 1864, l'hôtel Torterue, rue de la Grandière, l'hôtel Eugène Gouin, l'hôtel du Grand Commandement, d'aspect plus sévère et plus régulier, l'hôtel Budan de Russé, etc., etc.

Les événements de 1870-71 rendirent un instant à Tours le rôle de capitale qu'elle avait joué jadis dans d'autres crises. La délégation de la Défense nationale siégea dans ses murs pendant les mois d'octobre et de novembre 1870. Crémieux logeait à l'archevêché, Gambetta à la préfecture, où l'on montre encore le balcon d'où il harangua la foule enthousiaste, après sa sortie de Paris en ballon. Le 15 décembre, la délégation se transporta à Bordeaux ; le 21, Tours fut bombardé et bientôt occupé, après un vain essai de résistance. Nombreux ont été les efforts tentés depuis ces jours de deuil pour accroître l'importance, la prospérité et la beauté de la ville, en même temps que le pays tout entier reprenait et développait son activité en tous sens sous un régime nouveau.

Le mouvement des constructions religieuses que nous avons constaté au milieu du siècle se continua sous la République. L'église paroissiale de Saint-Étienne s'éleva notamment de 1873 à 1874, dans un style roman assez bâtard, sous la direction de Gustave Guérin dont ce fut une des dernières œuvres. Mais surtout on vit s'édifier nombre de chapelles, pour des œuvres particulières ou des communautés, les unes ayant pignon sur rue, les autres modestement dissimulées derrière de hauts murs de couvents, celles par exemple du Sacré-Cœur de la Fuie et de l'œuvre de Sainte-Marie, sous la direction de M. Charles Guérin, celle des religieuses de Sainte Ursule ou Dames de Lignac sur les plans de MM. Bataille et Boué ; sur la rive droite de la Loire celles des religieuses de la Présentation (M. Meffre, architecte), et des religieuses du Cénacle (M. Charles

Guérin), etc. Une chapelle fut reconstruite à Marmoutier, une autre au collège Saint-Grégoire, rue de la Scellerie. On pourra dire sans nul doute de l'époque qui s'étend jusqu'aux lois récentes, comme de l'époque de Louis XIII, que ce fut un temps de fécondité monastique. Les pierres sont là pour le prouver. La plupart de ces édifices sont fermés aujourd'hui : on ignore ce que l'avenir leur réserve ; mais, s'ils disparaissent, l'art n'y perdra guère, car c'étaient pour la plupart de simples pastiches

Clich : Dagoreau.

Statue du cardinal Meignan, par *François Sicard*. (Crypte de Saint-Martin).

des styles anciens, depuis le roman jusqu'au jésuite, sans grande valeur originale et sans qualités vitales bien profondes.

Il faut faire cependant une place à part dans cet ensemble à la nouvelle église Saint-Martin élevée par M. Laloux, dont les travaux commencèrent en 1887 et dont l'achèvement est tout récent. Des fouilles, sous le second Empire, avaient mis au jour l'emplacement du tombeau du saint, et des plans colossaux avaient été conçus par Baillargé pour la reconstruction totale de la basilique. On dut se contenter de proportions plus modestes. L'église actuelle, orientée du nord au sud, a son chœur à peu près sur l'emplacement du chœur ancien, mais ne s'étend pas beaucoup plus loin que le bras de l'ancien transept sud. Elle comprend essentiellement une reconstitution d'un très beau caractère du tombeau de saint Martin et de sa crypte. A l'intérieur de cette crypte, en face du tombeau, se voit une statue priante du cardinal Meignan, œuvre du sculpteur Sicard (1900) : par la largeur des effets décoratifs tirés du manteau de soie et d'hermine, par la vérité pénétrante du masque incorrect et fin, elle se range sans faiblir dans la série des plus belles statues iconiques de l'art français. Au-dessus, le maître-autel, surmonté d'un ciborium en cuivre abritant une châsse, prend place dans une niche colossale en forme d'abside. En avant de l'autel, le chœur surélevé est éclairé par le jour d'une coupole formant lanterne. La nef est séparée des bas-côtés suivant le mode des églises primitives par des rangées de six colonnes de marbre ; le portail s'ouvrira sur une petite placette qui n'est pas encore complètement dégagée. La construction qui affecte de se souvenir des formes de l'église carolingienne est au fond, de même que la décoration sobre et puissante, très personnelle à l'artiste qui l'a conçue ; les effets d'ensemble et de détail témoignent d'une habileté consommée : ils sont d'une largeur voulue, un peu théâtrale peut-être, mais très grandiose dans des proportions relativement minimes.

Parmi les édifices municipaux élevés depuis 1870, le Théâtre est un des plus anciens. Installé vers 1796 dans l'ancienne chapelle des Cordeliers, il fut reconstruit sur le même emplacement, à partir de 1875, par M. Rohard, gendre de Gustave Guérin. Incendié en 1883, il a été repris, pour l'intérieur de la salle, pour l'escalier et le foyer par M. Hardion et inauguré en 1890. La façade de dessin ambitieux et compliqué, est encore celle de 1875. On y sent l'influence de l'Opéra de Garnier et la suite du style surabondant du second Empire. Mais le grand escalier est de dessin élégant et de proportions heureuses. Il est orné, ainsi que le foyer, de peintures de Clairin, brillantes et pittoresques.

Cet édifice pompeux, un peu trop vaste pour les besoins actuels de la ville, est loin d'être le seul témoignage de l'activité municipale à Tours, pendant ces trente dernières années. Sans parler encore des monuments comme l'Hôtel de Ville où s'affirme le légitime orgueil de la grande cité tourangelle active et vivante d'aujourd'hui, il faut noter, par exemple, ces intelligentes créations de jardins, comme celui des Prébendes ou comme le square Mirabeau, établi en 1891 sur l'emplacement de l'ancien cimetière de Saint-Jean-des-Coups, dont les verdures apportent au milieu des constructions urbaines un peu de santé et de grâce. Le Jardin Botanique,

créé dès 1842, sur les terrains occupés jadis par le ruau Sainte-Anne, a
été notablement embelli et agrandi. Le square qui s'étend devant l'Archevêché est assez ancien également : mais il fut récemment remanié et
orné d'une statue allégorique de la Touraine, œuvre de jeunesse de
M. Sicard, sentant un peu l'école, mais d'un assez bel effet décoratif ; sur
le piédestal largement dessiné par M. Laloux s'inscrivent les médaillons
des trois docteurs Velpeau, Trousseau et Bretonneau. Dans le vieux
Tours même, la cité Mame a laissé place au milieu de ses constructions

Cliché Peigné.

Le Théâtre.

de briques régulières et un peu tristes qui font penser à quelque bégui-
nage flamand, pour un petit jardin planté de magnolias.

Les préoccupations de la société moderne, le souci croissant de l'enseignement répandu à tous ses degrés, les sacrifices consentis par l'État et
par la ville pour donner à cet enseignement un cadre en harmonie avec
son importance sociale et avec les exigences de l'hygiène moderne, ont
amené la création à Tours de nombreux édifices, utilitaires, sans doute,
mais qui n'en ont pas moins leur beauté ; c'est parmi eux que l'avenir
recherchera peut-être les créations d'art les plus intéressantes de notre
temps. L'École des Beaux-Arts, réorganisée à côté du Musée en 1882,
s'est installée dans un clair bâtiment aux fenêtres largement ouvertes sur
la Loire. Les groupes scolaires Rabelais et Mirabeau, celui de la place de
la Liberté, en haut de l'avenue de Grammont, sont des édifices considé-

rables, d'une architecture robuste, sérieuse et élégante ; les travaux en ont été conduits par M. Prath, architecte de la ville et du département. Enfin le nouveau lycée de jeunes filles, installé en 1903, peut être regardé comme un établissement modèle pour le souci extrême des perfections techniques qui a été apporté dans son installation et pour la note d'art qui y a été ajoutée. Dans la plupart de ces bâtiments scolaires, l'habile utilisation de la brique mêlée à la pierre, comme dans l'architecture tou-

Cliché Neurdein.

Le nouvel Hôtel de Ville.

rangelle d'autrefois, mais sans pastiche servile, l'adaptation de matériaux nouveaux, tels que le fer apparent et les céramiques architecturales, créés par l'industrie moderne ont donné une allure de gaieté et de pittoresque aux constructions les plus simples. Les façades intérieures du lycée de jeunes filles notamment, élevées par M. Becq-Rouget, ont, dans leur sobriété, une grâce très séduisante. On a voulu faire mieux, et pour les façades extérieures de ce dernier établissement, on s'est adressé à un jeune architecte tourangeau retour de Rome, M. Chaussemiche. Celui-ci a dessiné deux façades régulières, dont le classicisme n'est pas sans

rappeler, dans ses proportions élégantes et la sobriété de son décor, les
architectures du XVIIIe siècle tourangeau, mais dont la solennité est peut-
être un peu froide pour la simplicité pratique du reste des bâtiments.
L'une au moins de ces façades est agrémentée de la composition charmante et toute moderne que M. Sicard a inscrite dans son fronton rigide.
Cette assemblée de jeunes filles dans un parc nous parait une des œuvres

Salle des fêtes du nouvel Hôtel de Ville.

modernes où la grâce de l'esprit tourangeau, cette douceur calme qui s'y
était si merveilleusement exprimée aux temps lointains du XVe et du
XVIe siècle, est réapparue avec le plus de bonheur au sein du classicisme
qui l'avait jadis submergée. Pourquoi faut-il que des constructions voisines, que l'on aurait dû prévenir, soient venues en rendre la vue si difficile?
    M. Sicard a aussi donné pour le Lycée de garçons un monument à la
gloire des anciens élèves morts pour la patrie qui, sans avoir la même
originalité, est de grande allure et de composition harmonieuse et forte.
Il est très supérieur en tous cas aux quelques effigies soi-disant monumen-

tales dont Tours s'est enrichi pendant la fin du XIXᵉ siècle. Au Descartes
du comte de Nieuwerkerque (1852) est en effet venu faire pendant en 1880,
à la tête du pont, un Rabelais de Dumaige, plus banal encore ; Balzac
n'a pas eu plus de chance avec le bronze triste et lourd qui se dresse au
bas de l'avenue de Grammont.

L'ancienne gare étant devenue insuffisante, on la réédifia selon des

Cliché Pergne.

Escalier du nouvel Hôtel de Ville.

plans beaucoup plus monumentaux dus à M. Laloux, entre 1896 et 1898.
Un très beau hall en fer abrite maintenant le terminus des deux lignes
de l'Orléans et de l'État. La disposition des différents services très simplement conçue, la largeur des dégagements en font un édifice type, et si
l'on peut reprocher quelque lourdeur aux pylones de la façade et aux
statues qui les surmontent, la façon dont s'accusent sur cette façade les
pignons des deux parties du hall est d'une franchise et d'une simplicité
de parti tout à fait louable.

Les travaux du nouvel Hôtel de Ville, entamés dès 1896, sur l'initiative

de M. Pic-Paris, maire de Tours, ont duré jusqu'en 1904, date de l'inau-
guration. On sent qu'on a voulu frapper ici un grand coup et faire colossal
par-dessus tout. Le talent de M. Laloux se prêtait à merveille à ce
dessein. Sans tenir aucun compte, et on le lui a assez reproché, des
architectures environnantes, il a, plutôt que de compléter un ensemble
médiocre, dressé au coin de la placette régulière où s'élevait déjà le
Palais de Justice, un monument énorme d'un style fastueux et un peu
écrasant, où s'accusent les souvenirs du classique et même du baroque

Cliché Neurdein.

Panneaux décoratifs d'une salle du nouvel Hôtel de Ville, par *Albert Thomas*.

italien, mais imposant dans sa masse et dans ses larges effets décoratifs.
A l'intérieur surtout, l'ampleur du développement de l'escalier, son parti
de décoration très sobre témoignent de qualités architecturales de premier ordre. La salle des fêtes est immense et d'un luxe un peu étourdis-
sant peut-être avec ses cheminées colossales dues à M. Varenne; mais
l'ensemble en révèle le même tempérament fougueux et puissant, qui
frappe et s'impose, comme celui de certains grands décorateurs italiens
de la fin de la Renaissance.

Il est regrettable surtout que les grandes lignes de l'édifice aient été
gâtées par de redondantes sculptures pour lesquelles on a eu recours à
des artistes par trop étrangers au tempérament artistique de la région.

MM. Injalbert, Hugues, Carlier, Cordonnier ont peuplé la façade d'allégories tumultueuses et débordantes. M. Sicard, le seul tourangeau de la pléiade, a exécuté les cariatides très étudiées et consciencieuses du balcon central. Encore les lui a-t-on demandées par trop conformes aux œuvres provençales du Puget. Parmi les peintres, MM. Schommer, Jean-Paul Laurens, Henri Martin, tous Toulousains, sont les auteurs des plafonds

Monument aux anciens élèves du lycée de Tours morts pour la patrie, par *François Sicard*.

de la grande galerie des fêtes célébrant la « Renaissance tourangelle », du triptyque de Jeanne d'Arc dans la salle du conseil, des plafonds allégoriques des salles de commissions. M. Thirion et M. Cormon ont décoré la salle des Mariages d'œuvres qui sont également de grand mérite, mais qui témoignent de manières et même de styles très divers. Seule une petite salle a été accordée à M. Albert Thomas, un tourangeau par extraordinaire, qui y a évoqué, dans une série de panneaux très poétiques, les nymphes et divinités bocagères, comme eût dit Ronsard, de la vallée de la Loire, en des paysages d'une profondeur discrète et mélancolique, d'une vérité légèrement arrangée, mais très touchante néanmoins.

Enfin, dans l'ensemble, on peut aimer plus ou moins cet art officiel, inspiré, c'est le plus grave reproche qu'on puisse lui adresser, d'un goût manifestement étranger au pays même, d'un goût né de l'éducation par trop italienne et classique de nos artistes ; mais on doit reconnaître que ce nouvel Hôtel de Ville de Tours témoigne, chez ceux qui l'ont conçu et dirigé, d'un effort d'art considérable et de qualités personnelles singulières, chez ceux qui en ont inspiré et obtenu la réalisation, d'une volonté non moins remarquable d'exprimer, en un monument représentatif, la vitalité et l'activité présentes d'une ville qui, pour avoir un long et glorieux héritage d'histoire et d'art, ne veut pas être une ville morte et figée dans le passé.

Certes, ce passé doit être respecté ! L'édification des Archives départementales, terminées il y a quelques années, la réinstallation de la Bibliothèque qui va s'opérer, les aménagements nouveaux qui ne pourront manquer de se faire bientôt au Musée, l'assainissement, sans destructions inutiles, des vieux quartiers, voilà pour la mise en valeur du Tours d'autrefois. Mais la vie moderne peut et doit se développer à côté suivant ses lois nécessaires : les créations municipales dont nous venons de parler en sont la preuve, de même la masse des constructions particulières qui peuplent les nouveaux quartiers, le succès des concours annuels et des expositions d'art décoratif que devrait bien venir compléter un musée permanent d'art industriel ancien et moderne, le renouvellement enfin tenté çà et là, timidement encore, du décor de la vie publique ou domestique qui cherche à échapper aux formules surannées, classiques ou archéologiques, pour devenir franchement moderne.

Château de Chenonceaux.   Cliché Peigné.

CHAPITRE VI

LES GRANDS CHATEAUX DE TOURAINE

Nous nous bornerons à donner ici quelques renseignements précis sur un certain nombre de ces grandes demeures royales, princières ou bourgeoises qui forment à la ville de Tours comme une séduisante couronne de châteaux : nous pourrons confirmer ainsi, par des exemples nouveaux, les réflexions que nous ont suggérées tout à l'heure les différentes formes d'art qui se sont succédé sous nos yeux. Nous prendrons encore autant que possible, les monuments dans leur ordre chronologique.

L'un des plus anciens est sans contredit le vieux château de Loches, dont une partie sert encore aujourd'hui de prison et dont l'énorme donjon carré, élevé au début du XIe siècle, est un des types les plus parfaits de l'architecture militaire féodale. On en attribue la construction, avec celle du donjon de Langeais, dont il ne reste plus qu'un pan de mur, et celle du donjon de Montbazon, au célèbre Foulques Nerra, comte d'Anjou, grand guerroyeur et grand bâtisseur, qui ne serait peut-être pas étranger non plus à la construction des parties les plus anciennes de l'église Saint-Ours de Loches et de l'église abbatiale de Beaulieu-lès-Loches. L'une et l'autre se développèrent du reste au cours du XIIe siècle et offrent encore d'admirables spécimens d'architecture romane.

Ce donjon imposant et formidable s'élève à l'une des extrémités du plateau sur les pentes duquel est pittoresquement étagée la ville de Loches. Ses murs épais, étayés de contreforts massifs, entourent, les étages étant disparus, comme un grand puits où croassent les corneilles. Une enceinte l'environne, flanquée de bastions dont la construction ne remonte qu'à Henri II Plantagenet et à Philippe-Auguste, qui occupèrent successivement le château fort au début du XIIIe siècle. Des fortifications furent encore ajoutées au XVe siècle sous Louis XI ; tout le bâtiment d'entrée avec la *Tour Ronde*, où se sont conservées plusieurs belles salles voûtées, et de la plate-forme de laquelle on découvre l'ensemble de la forteresse et de la ville, date de cette époque, ainsi que la *Tour du Martelet*, en partie détruite aujourd'hui ; les soubassements de cette dernière, outre les cellules de la prison moderne, renferment des cachots compliqués et terribles, entre autres celui où fut enfermé, sous Louis XII, Ludovic le More, duc de Milan.

Au XVe siècle, du reste, la sombre forteresse, dont le donjon avait été incendié au cours des guerres anglaises, ne servait déjà plus que de prison : la résidence royale avait été transportée à l'autre extrémité du plateau, dans une position charmante dominant la riante vallée de l'Indre. Sous Charles VI, on voyait déjà à côté de l'église Saint-Ours quelques bâtiments d'habitation. Charles VII fit commencer le château qui abrite aujourd'hui la sous-préfecture ; il fut agrémenté et augmenté plus tard sous Charles VIII et sous Louis XII. La tour qui se voit sur la façade contenait, dit-on, les appartements d'Agnès Sorel. On y voit aujourd'hui, au rez-de-chaussée, son tombeau expulsé par les chanoines de l'église Saint-Ours, enrichie par ses dons. Il fut installé à cette place au début du XIXe siècle par le général de Pommereul, préfet d'Indre-et-Loire : les inscriptions furent refaites, quelques-unes forgées de toute pièce, et la statue fut très fortement restaurée. Tel quel, c'est encore cependant un joli spécimen de la sculpture française au milieu du XVe siècle, mais qui n'a aucune raison d'être attribué à Michel Colombe, ainsi qu'on le fait quelquefois.

La décoration gothique fleurie de la deuxième moitié du XVe siècle a laissé en divers points de ce *Logis du Roi* des motifs charmants et ingé-

nieux, aux culs-de-lampe des tourelles notamment et dans l'exquise
petite pièce toute ouvragée de ciselure de pierre que l'on désigne sous
le nom d'Oratoire d'Anne de Bretagne. Cette dernière se trouve dans la
partie du bâtiment qui est la plus éloignée de la tour et qui peut dater
du règne de Charles VIII. Les motifs italiens n'apparaissent encore nulle
part au château; on les trouve au contraire en abondance dans l'hôtel de
ville de Loches, œuvre des architectes tourangeaux, André Sourdeau et

Cliché Yvon.

Loches. — Le vieux château.

Jean Baudoin, appuyé contre la porte Picoys et datant de 1535 à 1543,
dans la tour Saint-Antoine qui est aussi des environs de 1530 et dans les
maisons plus tardives encore, toutes classiques, celles-là, de la grande
rue, la maison de la Chancellerie par exemple.

Chinon possède comme Loches un ensemble de constructions féodales,
dont la masse, imposante encore malgré des destructions plus graves, se
dresse au bord d'un plateau régulier qui domine la ville. Des ruelles
étroites et pittoresques où l'on voudrait retrouver à chaque coin les souvenirs de Rabelais, enfant du Chinonais, grimpent au flanc du coteau ou
serpentent au pied; le long de la Vienne, des quais modernes se sont dessinés sur l'emplacement d'anciens remparts. Trois églises se logent dans

cet espace étroit, Saint-Mexme (XIe et XIIe siècle), Saint-Étienne (XVe siècle).
Saint-Maurice (XIIIe et XVe), mais aucune ne voisine comme à Loches
avec les constructions du château. Sévèrement isolé sur son plateau, celui-
ci domine toute la ville ; c'est une succession de forteresses du reste, plutôt qu'un édifice unique. Tout à fait à l'est, le fort Saint-Georges qui
avait été construit au XIIe siècle par Henri II Plantagenet et qui soutint
l'effort du siège de Philippe-Auguste, a été presque entièrement rasé. Les

Cliché Neurdein.

Loches. — La ville et le Logis du Roi.

assises formidables en subsistent seules et le plan, qui se lit très aisément,
a des analogies, paraît-il, avec celui de certains châteaux anglais.

Il devait exister dès cette époque un autre château plus ancien à l'extrémité ouest du plateau. Celui-ci remontait au Xe siècle, ainsi qu'en
témoignent certains murs encore visibles. Mais les constructions principales de ce côté, celles de la tour du Coudray en particulier, ne furent
exécutées qu'après l'occupation de Philippe-Auguste. C'est le XIIIe siècle
aussi qui vit commencer les bâtiments intermédiaires du *Grand Logis* :
ceux-ci, accrus au XIVe et au XVe siècle, servirent d'habitation aux rois de
France, particulièrement à Charles VII chassé de Paris par les Anglais.

C'est là, on le sait, que Jeanne d'Arc vint le trouver, c'est dans une des salles de ce Grand Logis, dont il ne reste plus que des pans de murs et quelques cheminées, qu'eut lieu la première entrevue entre l'héroïne et le triste roi découragé et humilié. Du XIVe siècle date aussi la tour de l'Horloge qui sert d'entrée à ce château du milieu : c'est de tout l'ensemble la partie la plus intacte. En avant de cette tour, un pont de pierre dormant a remplacé l'ancien pont-levis du moyen âge.

Chinon. — La ville et le château.

Si celui de Chinon vaut surtout par sa position pittoresque et par les souvenirs qu'il évoque, mais ne présente plus en général que des débris grandioses, le château de *Langeais*, au contraire, plus récent, est merveilleusement intact. Il a de plus la bonne fortune d'abriter une installation magnifique et des collections d'œuvres d'art. Celles-ci, pour n'avoir pas toujours fait corps avec le château lui-même, démeublé et vendu à plusieurs reprises, n'en constituent pas moins aujourd'hui un des rares ensembles de décoration intérieure qui permettent de rendre à ces grandes demeures un peu de leur aspect vivant d'autrefois. On sait que M. Siegfried, pour assurer la perpétuité de cet ensemble créé par lui, a eu la généreuse

pensée de léguer son château et ses collections à l'Institut de France qui
le recevra, enrichi sans doute encore, après sa mort.

Nous avons déjà mentionné les restes d'un vieux donjon de Foulques

Chinon. — Vieille rue et tour de l'Horloge.

Nerra qui s'élevait sur la croupe d'une colline entre la vallée de la Loire
et une petite vallée accessoire. Le château actuel fut construit sous
Louis XI, de 1465 à 1469, au bas de cette colline ; on commençait alors à
ne plus rechercher les positions élevées et dominantes, songeant moins

que jadis aux guerres et aux longs sièges. On pensait encore cependant
à la défense : extérieurement le château qui, ne paraît avoir jamais formé,
du reste, un quadrilatère complètement clos, présente encore un aspect
assez austère et formidable. Ces murs gris, d'une construction impeccable,
percés de fenêtres rares, ce chemin de ronde, ces mâchicoulis, ces hauts
combles sans lucarnes, cette entrée avec son pont-levis, resserrée entre
deux tours énormes, tout dégage une impression de force et de solidité
puissante. On se demande même comment, si la date que nous venons

Cliché L. Bousrez.

Langeais. — Extérieur du château.

de donner est exacte, on a pu construire une telle forteresse au moment
où s'élevait, à quelque distance, la jolie maison de plaisance de Plessis-
lès-Tours. Il est vrai que sur la cour, bien que la construction garde
encore la même tenue un peu sévère, les baies s'ouvrent plus largement,
les lucarnes au pignon dentelé viennent égayer le comble, les dessus de
portes et de fenêtres s'agrémentent de moulures, d'arcs en accolade et de
crochets de feuilles.

A l'intérieur, l'aile perpendiculaire au corps principal contient de
vastes salles, dont l'une a vu sans doute le mariage de Charles VIII et
d'Anne de Bretagne, célébré à Langeais en 1491. Un grand nombre de
meubles anciens, ou reconstitués d'après des modèles anciens, de statuettes et de peintures, garnissent ces grandes salles, ainsi que les divers

appartements du château ; on y voit surtout de nombreuses et intéressant
tapisseries dues soit aux ateliers flamands, soit aux ateliers français du
XVe et du XVIe siècle ; elles font à ces objets d'art et de mobilier un cadre
somptueux et témoignent hautement de la valeur décorative de cet art admirable ; nous ne saurions en faire ici l'inventaire et nous signalerons seulement les délicates tentures à fleurettes qui se rapprochent des célèbres séries
des Rohan, jadis au château du Verger, ainsi que certaines pièces déta-

Langeais. — Cour intérieure du château.

chées de cette tenture de Saint-Saturnin, qui fut exécutée, au XVIe siècle,
dans les ateliers tourangeaux et que nous avons déjà mentionnée[1].

Comme type d'habitation seigneuriale, à demi féodale encore dans
son allure, mais combien plus riante et plus aimable déjà ! il nous faut
mentionner au moins, dans la région de Chinon, dominant la plaine où
sont les pays rabelaisiens de Seuilly, de Lerné, où se trouvait le petit
manoir de la Devinière, le beau château du Coudray-Montpensier ; com-

[1] Voir plus haut, chapitre III, page 49.

mencé au XIVᵉ et au début du XVᵉ siècle, il fut consdiérablement augmenté
après 1482, par Louis de Bourbon, seigneur de Montpensier, qui avait
épousé une fille naturelle de Louis XI. Il est un peu altéré dans le détail
mais il dresse encore sur une colline élevée sa masse de fière et élégante
allure, ses tours à poivrières et à mâchicoulis, auxquelles la Renaissance
du XVIᵉ siècle n'a rien ajouté.

Au contraire, le château d'Ussé, construit sur un plan tout gothique

Cliché Neurdein.

Château d'Ussé.

dans la seconde moitié du XVᵉ siècle, a été profondément modifié dans la
suite. Son enceinte de murs épais a été coupée, et par la brèche, le jour
est entré à flots dans la cour intérieure dont plusieurs façades ont été
refaites avec des agréments nouveaux. Le donjon, la porte d'entrée resserrée entre deux tours, les mâchicoulis et les échauguettes ont subsité,
mais réduits par les dispositions nouvelles au rôle d'éléments décoratifs
et pittoresques. Des bâtiments assez considérables, qui n'altèrent pas du
reste la physionomie générale de l'œuvre, furent ajoutés vers l'ouest ;
des terrasses régularisèrent les pentes sur lesquelles était comme accrochée la forteresse primitive et lui firent un cadre charmant au-dessus de

l'aimable vallée de l'Indre. On remarque surtout, en dehors de l'enceinte
du château une magnifique chapelle ajoutée vers 1530 par Charles d'Espi-
nay, et parée de toutes les grâces séduisantes de la décoration italienne ;
la construction et le plan général en restent encore à peu près entièrement gothiques. Avec les collégiales de Montrésor, de Champigny, des
Roches-Tranchelion en Touraine et d'Oiron en Poitou, c'est une des
constructions les plus achevées de l'architecture religieuse du XVIᵉ siècle.

Cliché Neurdein.

Amboise. — La Loire, la ville et le château.

Amboise est le type le plus parfait et le plus important au point de
vue historique de ces demeures gothiques où s'épanouissait déjà la grâce
de l'art français du XVᵉ siècle et où vinrent se greffer les nouveautés
italiennes. On peut dire que c'est là que s'opéra la rencontre, sinon la
fusion des deux arts en présence. Avant les guerres d'Italie, les travaux,
poussés très activement par Charles VIII, avaient déjà fait de cette
demeure de prédilection du jeune roi, qui y avait été élevé, l'un des châteaux les plus brillants de la monarchie française. Ils se continuèrent
après 1495, sans interruption, sans brusque changement de plan et de
méthodes, mais avec la collaboration certainement des ouvriers ramenés

d'Italie, avec la préoccupation de faire au butin considérable de meubles et d'objets d'art rapportés d'outre-monts, un cadre en harmonie avec leur éclat et avec leur style général. Vingt ans avant l'arrivée de Léonard de Vinci, que François Ier y amènera mourir (1516-1519), Amboise abrite déjà, en dehors de nombreux ouvriers de luxe, tailleurs, jardiniers et parfumeurs, qui figurent sur les listes des gages des artisans royaux, quelques artistes de valeur comme Fra Giocondo, Dominique de Cortone et Guido Mazzoni. Il est assez malaisé de dire au juste la part qu'ils eurent dans la construction du château. Il ne semble pas qu'ils en aient accaparé immédiatement la direction, mais il est évident qu'ils ne ne durent pas rester inactifs.

Le plateau où s'élève le château, merveilleusement situé au-dessus du confluent de la Loire et de l'Amasse, dominant un des plus beaux paysages du monde, avait été occupé successivement par des établissements gaulois, romains, barbares et féodaux. Mais si l'on a pu relever certaines traces de ces occupants primitifs, rien ne subsiste de très apparent aujourd'hui, avant le XVe et le XVIe siècle. Confisqué par Charles VII sur Louis d'Amboise en 1431, le château féodal fut entièrement renouvelé. Des travaux même de Charles VII et de Louis XI il reste seulement quelques murs de soutènement et quelques tours d'enceinte. Le bâtiment le plus ancien actuellement, celui qui regarde la Loire, date de Charles VIII qui le commença sitôt après son mariage en 1491. Malgré les altérations profondes et les restaurations un peu radicales qu'il a subies au cours des âges, on y peut juger encore du caractère brillant et pittoresque de cette architecture gothique qui est si loin, quoiqu'on en ait dit, de sentir la décadence.

La grande chapelle du château, qui s'élevait au milieu de l'enceinte fortifiée, et qui, jusqu'à Louis XI, servit de paroisse aux Amboisiens, a complètement disparu. Mais il subsiste, de l'époque de Charles VIII, la gracieuse petite chapelle Saint-Blaise qui touchait au bâtiment construit par Louis XI vers la pointe du promontoire et, d'autre part, à un grand corps de bâtiment appelé le Logis de la Reine, orienté au Midi vers la vallée de l'Amasse. L'un et l'autre ont disparu et la chapelle est isolée aujourd'hui, en saillie au bord du plateau. C'est une œuvre délicate et finement ajourée, dont la décoration toute en dentelures trahit même, dans sa complication, quelque analogie avec les architectures flamandes de ce temps. En partie refaite à l'extérieur, pour les pinacles notamment et le grand bas-relief du tympan qui porte les effigies toutes modernes de Charles VIII et d'Anne de Bretagne, cette décoration est

intacte à l'intérieur. On peut admirer aussi de confiance le bas-relief qui
forme linteau au-dessus de la porte et représente la *Vision de saint
Hubert*, avec la légende de saint Christophe le passager, portant sur ses
épaules le petit Christ enfant, tandis qu'un ermite le guide de son oratoire
placé sur la rive : c'est une œuvre d'une précision amusante et pittoresque,
mais un peu lourde, qui paraît au moins inspirée de certaines sculptures
en bois d'origine flamande : bien qu'on l'attribue quelquefois à Michel

Amboise. — Le château. Façade sur la Loire (avant les dernières restaurations).

Colombe, elle n'a rien à voir selon nous avec la véritable école de la
Loire. Les vitraux de la chapelle sont des productions lamentables de
l'époque de Louis-Philippe.

Cette chapelle était sûrement commencée dès 1493 : elle fut terminée
après le retour de l'expédition de Naples, mais sans modification au
plan primitif. Il est difficile d'en dire autant des deux grosses tours, qui
sont les parties les plus célèbres et les plus originales du château : l'une,
la tour Hurtault, regarde l'Amasse et fut terminée vers la fin du règne
de Charles VIII, l'autre, la tour des Minimes, vers la Loire, ne fut achevée que sous François Iᵉʳ. Elles comprennent toutes deux une montée en

spirale assez douce pour qu'on pût la gravir soit à cheval, soit même en litière, et supportée par une série de voûtes sur croisées d'ogives. Le procédé de la construction est français ; mais les profils des nervures, le dessin des clefs-de-voûte et des culs-de-lampe (au moins dans la tour des Minimes) s'éloignent de la tradition gothique : quant à la donnée générale, elle paraît neuve. Faut-il y voir une invention des architectes à l'imagination féconde de notre XVe siècle français ? Y eut-il intervention d'un constructeur italien comme Fra Giocondo qui était presque uniquement un ingénieur ? Nous ne saurions affirmer jusqu'ici l'un ou l'autre. Ce qu'il y a de certain, c'est que l'idée de ces montées monumentales fit fortune et que, diversement disposés, plus voisins même parfois dans leur principe des anciennes vis gothiques, les grands escaliers, comme ceux de Blois et de Chambord en dérivent certainement. Ce que l'on peut affirmer aussi, c'est qu'une part de la décoration fut exécutée ici par des mains italiennes ou sur des modèles italiens. Si les culs-de-lampe de la tour Hurtault offrent des motifs pittoresques et réalistes d'une verve toute française, on serait même tenté de dire déjà rabelaisienne, les clefs-de-voûte de la tour des Minimes, celles de la galerie où elle aboutit, le couronnement de la porte extérieure, au sommet de la tour Hurtault, sont de type ultramontain et comptèrent certainement parmi les premiers modèles de cette décoration nouvelle, dont un Jérôme Pacherot, Italien, établi d'abord à Amboise, ira, peu de temps après, colporter les motifs à Gaillon par exemple.

Le Logis de la Reine était postérieur aux guerres d'Italie. Quant au bâtiment transversal qui fermait à l'Est le quadrilatère composé par les bâtiments de Louis XI et de Charles VIII et qui, lui, est encore debout, il date en partie du règne de Louis XII, sous lequel les travaux furent un peu délaissés pour ceux de Blois, en partie du règne de François Iᵉʳ, qui revint quelquefois à Amboise et qui y reçut notamment l'empereur Charles-Quint.

Louis XII avait aussi embelli la terrasse du château entre les bâtiments conservés aujourd'hui et les remparts. Il y avait fait élever une petite galerie qui abritait du vent du nord les jardins à l'italienne installés sous Charles VIII par Pasello da Mercogliano. Cette galerie aboutissait à la petite porte surmontée du porc-épic de Louis XII où l'on veut, bien à tort, placer le lieu de l'accident qui causa la mort de Charles VIII. C'est de l'autre côté du château que se trouvait la galerie Haquelebac où, suivant le récit de Commynes, Charles VIII heurta du front le cintre d'une porte basse et mourut quelques heures après.

Amboise abandonné au milieu du XVIe siècle, ne retrouva jamais son ancienne splendeur. Mal entretenus pendant le XVIIe et le XVIIIe siècle, les bâtiments devaient être en mauvais état quand Roger Ducos, qui en devint possesseur sous l'Empire, se décida à en faire abattre une bonne partie. Ce qui en est resté a subi maintes restaurations. Les dernières ont été conduites, depuis une trentaine d'années, avec science et avec méthode, par MM. Ruprich-Robert, père et fils, sur l'initiative du comte

Cliché Neurdein.

Amboise. — Le château vu de la vallée de l'Amasse.

de Paris, puis du duc d'Aumale, propriétaires du château. Elles ont fait disparaître certains travaux hâtifs exécutés sous Louis-Philippe et les aménagements modernes créés et utilisés pour Abd-el-Kader, prisonnier à Amboise. Mais quelques parties, il faut bien le dire aussi, sont presque entièrement dues aujourd'hui à l'invention des architectes modernes. Telle la double couronne de créneaux de la tour des Minimes, la prolongation de la série des lucarnes gothiques vers l'ouest, dans le bâtiment Charles VIII (on en compte six aujourd'hui au lieu de quatre), l'aménagement enfin de la grande salle de ce bâtiment avec ses voûtes en pierre et ses colonnettes à chapiteaux ultra-fantaisistes. La transformation du château en asile de vieillards, indiquée par le testament du duc d'Aumale, y a amené, d'autre part, des additions déplorables au point de vue artistique et est loin d'en faciliter la visite et l'étude.

La royauté, nous venons de le noter à propos du château d'Amboise, quitta la Touraine dès le début du XVI° siècle, pour Blois et ses environs, bientôt pour Paris et l'Ile-de-France. Restèrent les grandes familles de

Château d'Azay-le-Rideau.

bourgeois et de financiers qui, par leurs origines ou par leurs affaires, étaient attachées à la Touraine : les de Beaune, les Briçonnet, les Berthelot, les Bohier. C'est à eux que sont dues les plus charmantes de ces habitations élevées pendant le premier tiers du XVI° siècle, où les principes de construction gothique du XV° siècle s'allient aux inventions décoratives italiennes, pour former le style charmant que l'on désigne sous le nom de première Renaissance française.

Les châteaux du grand financier Jacques de Beaune sont disparus comme Semblançay, ou très transformés comme La Carte. Au contraire celui de Gilles Berthelot, son parent, est encore presque intact à Azay-

le-Rideau. Il fut commencé en 1518 sur l'emplacement d'un château
détruit au XVe siècle. On a désigné comme son auteur un maître maçon
nommé Etienne Rousseau qui y travaillait en 1519. Mais, comme Ch. de
Grandmaison l'a très justement fait remarquer, il ne s'agit, dans les
comptes fragmentaires qui nous donnent son nom, que de travaux peu
importants, exécutés par seize ouvriers, et rien ne nous prouve que ce
soit là le véritable architecte du château.

Cet architecte, quel qu'il fût, dirigé, paraît-
il, par la femme de Berthelot, Philippe Les-
bahy, réalisa dans cette gracieuse prairie de
l'Indre une demeure d'un charme et d'une élégance particulière. Ces qualités tiennent d'abord
à l'unité de la construction entièrement réalisée comme d'un seul jet, de 1518 à 1529. Elles
tiennent aussi à un sens très spécial de l'harmonie des proportions. Le plan est très simple ;
le dessin général des façades avec leurs tourelles, leurs combles, leurs lucarnes, rappelle
encore, dans ses grandes lignes, les châteaux
du XVe siècle ; mais les ouvertures se sont
agrandies et régularisées, l'appareil de défense s'est réduit à un rôle décoratif, et partout, dans le détail, l'arabesque italienne s'est
substituée au décor gothique. D'ailleurs ces
pilastres, ces frises, ces balustres, ces frontons
de lucarnes aux reliefs adoucis et délicats, aux
lignes habilement variées, s'ils sont bien évidemment inspirés de l'art d'outre-monts, nous
paraissent, dans leur exécution tout au moins,
dus à nos artistes français : leur savoureuse
gaucherie, leur ingéniosité décorative nous

Château d'Azay-le-Rideau.
Façade de l'escalier.

semblent s'y faire jour, plutôt que la virtuosité un peu sèche et la calligraphie monotone qui paraissent ailleurs. A l'intérieur, il faut noter la
disposition très nouvelle de l'escalier à rampes droites et parallèles avec
ses voûtes à caissons garnis de médaillons : c'est un type italien qui apparaît pour la première fois en Touraine. Presque aucune pièce n'a gardé de
décoration intéressante, à part un petit oratoire dans l'aile perpendiculaire
au corps principal ; la cheminée du salon, refaite au XIXe siècle, a été
complétée par d'élégantes peintures de Lechevallier-Chevignard.

L'intérêt d'Azay-le-Rideau se doublait encore, il y a peu de temps, de la présence d'une abondante collection de tableaux, portraits historiques pour la plupart, qui a été malheureusement dispersée. Le château lui-même vendu et revendu, menaçait de tomber entre des mains peu respectueuses, lorsqu'un heureux concours de circonstances en permit l'acquisition par l'Etat en 1905, sur les fonds légués par M. Léon Dru. Le service des Monuments historiques assurera dorénavant la conservation de ce spécimen exquis de l'architecture privée au début du XVIᵉ siècle. Une

Cliché Neurdein.

Château de Chenonceaux.

restauration respectueuse en a été décidée en même temps qu'on projetait la création d'un Musée de la Renaissance qui y doit être installé peu à peu, grâce au dépôt d'objets d'art appartenant à l'Etat ou provenant des générosités particulières qui se sont déjà manifestées.

Les travaux de Chenonceaux sont à peu près contemporains de ceux d'Azay-le-Rideau ; mais ils furent repris et complétés un peu plus tard, au temps de la Renaissance classique. L'édifice fut élevé pour Thomas Bohier, général des finances de Normandie, qui devint propriétaire en 1513 de la terre et du château, appartenant jusque-là à la famille Marques. Le château des Marques était construit sur le bord du Cher, dont l'eau

alimentait ses douves. Il fut rasé par Bohier : il n'en subsiste plus aujour-
d'hui qu'une grosse tour (encore la décoration en fut-elle remaniée),
sur le terre-plein qui précède le château neuf. Celui-ci, par une idée singulière, fut édifié sur les piles d'un ancien moulin, dans le cours même
du fleuve.

Dans la conception de cette demeure originale et pittoresque, nous
retrouvons encore une femme comme à Azay : c'est Catherine Briçonnet

Cliché Neurdein.

Château de Villandry.

qui dirige les travaux pendant que son mari accompagne les armées de
François Iᵉʳ en Italie : quant à l'architecte, on a nommé Pierre Nepveu,
dit Trinqueau, qui construira plus tard Chambord ; mais les preuves
manquent pour l'affirmer. Il est bien probable en tout cas, que c'est un
Français : car nous retrouvons ici les mêmes qualités que dans l'édifice
précédent, qualités d'adaptation ingénieuse, de charme décoratif, avec
moins d'harmonie tranquille peut-être et plus de recherche de l'effet pittoresque. Le bâtiment est sur un plan carré avec des tourelles aux angles et
deux pavillons en saillie vers l'amont du fleuve : l'un contient la chapelle, l'autre la bibliothèque. L'intérieur a été restauré à plusieurs reprises

dans les trente dernières années ; chaque étage est divisé régulièrement en quatre grandes pièces suivant un plan très simple, très fréquent à l'époque gothique et encore au XVI⁰ siècle ; on y voit de belles cheminées sculptées, un peu trop remises à neuf peut-être, ainsi que les façades et les lucarnes ; on y remarque aussi un escalier à travées parallèles comme à Azay.

Le fils de Thomas Bohier vendit le château à François Ier en 1535 et Henri II le donna en 1547 à Diane de Poitiers. C'est celle-ci qui fit jeter en 1557 le pont qui traverse le Cher et commencer la construction de la galerie. Catherine de Médicis qui reprit Chenonceaux en 1559 fit continuer cette galerie qu'avait dessinée Philibert Delorme. Le grand constructeur a réalisé ici un morceau d'architecture très sobre et très pur, mais auquel fait tort le brillant voisinage du château de Bohier. La décoration de la galerie ne fut jamais complètement terminée. Mme Pelouze, en même temps qu'elle faisait restaurer le corps principal du château, y avait fait essayer une décoration d'un goût tapageur et détestable, qui disparaîtra sans doute un jour.

Cette galerie de Chenonceaux est un des rares morceaux d'architecture classique que nous rencontrions en Touraine ; ce n'est pas ici, nous l'avons déjà noté, que se développa la véritable Renaissance italo-antique, et parmi les grandes demeures tourangelles, nous n'avons à signaler pour le milieu du siècle, que le château de *Villandry* rebâti à partir de 1532 pour Jean Le Breton, secrétaire d'État et dont les façades régulières, les fenêtres encadrées de pilastres, nous rappellent un peu l'architecture du Fontainebleau de François Ier. Celui de *Champigny-sur-Veude* devait avoir à peu près le même caractère ; mais il a été en grande partie démoli ; la chapelle toutefois, justement célèbre pour ses admirables vitraux attribués à Robert Pinaigrier, est un très remarquable spécimen de l'architecture religieuse des environs de 1540.

Cliché Neurdein.

Château d'Amboise. — Linteau de la chapelle Sainte-Blaise.

TABLE TOPOGRAPHIQUE

DES MONUMENTS DE TOURS ET DES ENVIRONS

N. B. Le plan historique que nous avons suivi dans cette étude nous ayant amené souvent à répartir en plusieurs endroits les renseignements relatifs à tel ou tel monument, nous donnons ici un tableau des principales « curiosités » de Tours et des environs, groupées suivant une classification logique ou suivant leur situation topographique. Nous renvoyons, pour chacune d'elles, aux pages où il en a été question dans le volume.

TOURS

ÉDIFICES RELIGIEUX

Cathédrale Saint-Gatien. — Origines, 12. 23; le chœur, 24, 25 (fig.); les transepts, 26, 27 (fig.); la nef, 58; le portail, 59 (fig.), 60; couronnement des tours, 60, 61 (fig.); additions XVIIe siècle, 109; additions et réfections XIXe siècle, 131, 133, 140.

Vitraux XIIIe siècle, 20, XVe siècle, 60; tableaux, 109; tombeaux des enfants de Charles VIII, 53 (fig.); tombeau de l'évêque Amelot, 109; fonts baptismaux XVIe siècle, 55.

Sacristie, 62; trésor: chef de saint Adrien, 22 fig., 23; calice XVIIe siècle, 68.

Cloître Saint-Gatien, 62, 63 fig., 64 fig., 119.

Basilique de Saint-Martin. — Fondation, 13; basilique latine, 13; tour Charlemagne, 14; l'église romane, 21, 28, 30; tour du Trésor, 29 (fig.); chapelles XVe siècle, 65; projets de remaniements, 111; destruction, 131.

Cloître Saint-Martin, 66, 67 fig., 177 fig.

Chapelle Saint-Jean, 14, 30.

Nouvelle basilique de Saint-Martin, 13 (fig.), 142, 143, 145 (fig.).

Eglise Saint-Julien. — Fondation, 14; tour romane, 32; église gothique, 32, 33 (fig.); peintures romanes, 22, 32; chapelles XVIe siècle, 68; restauration, 140; salle capitulaire, 33.

Eglise Notre-Dame-la-Riche, 14, 31, 60 (fig.), 70, 109; vitraux, 71; ornements XVIIe siècle, 93; sculptures XVIIe siècle, 109, 110; restaurations, 140.

Eglise Saint Saturnin (ancienne église des Carmes), 70, 98, 110, 141.

Eglise Saint-Pierre-des-Corps, 31. 72, 146.

Eglise Saint-Etienne. 144.

Couvent du Refuge, calice xvi° siècle, 57.

Temple protestant (ancienne église de l'Union Chrétienne), 106.

Chapelle du lycée (ancienne église des Minimes), 107 (fig.), 108; bénitier xvi° siècle, 55.

Chapelles modernes. 140, 144.

Eglises désaffectées ou en partie détruites : Eglise Saint-Pierre-le-Puellier, 14, 31; Notre-Dame-de-l'Ecrignole, 14, 31, 72; église Saint-Denis, 31, 72; église Sainte-Croix, 31, 32, 72; le Petit Saint-Martin, 30; église des Jacobins, 34; église Saint-Clément, fragments à la Bibliothèque et au Musée, 69, 70; église Saint-Saturnin, 70; église Saint-Pierre-du-Boille, 68; chapelle Saint-Libert, 28; chapelle Saint-Lazare, 31; prieuré de Saint-Eloi, 34; prieuré de Sainte-Anne, 72, 110; église Saint-François, 88, 108.

ÉDIFICES CIVILS

Hôtel de Ville. — L'Hôtel de Ville gothique, son emplacement, 47, 73; l'Hôtel de Ville xviii° siècle, 120 (fig.), 136, 137; le nouvel Hôtel de Ville, 148-152 (fig.).

Préfecture. — (Ancien couvent de la Visitation), 106; décoration et meubles xviii° siècle, 122 (fig.), 123 (fig.), 124; constructions xix° siècle, 133 (fig.), 134; grille de l'abbaye de Beaumont, 134.

Ancien Archevêché. — Tour gallo-romaine, 10, 11 (fig.); palais primitif, 14; bâtiment de l'Officialité, 28; chaire extérieure, 65; bâtiments xvii° et xviii° siècles, 120, 121 (fig.), 125 (fig.), 133, 134.

Palais de Justice. 138, 141 (fig.).

Palais du Commerce. 114 (fig.), 115 (fig.).

Théâtre. 146, 147 (fig.).

Hôpital général. 127.

Gare. — Ancienne gare, 139; nouvelle gare, 150.

Lycées. — Lycée de garçons, 112, 149, 152 (fig.); lycée de jeunes filles, 131 (fig.), 148, 149.

Ecoles des Beaux Arts, 147; buste de Rougeot, 106.

Séminaires. 100, 133, 149.

Amphithéâtre romain. 8.

Ancien château (caserne Meunier, dite aussi caserne de Guise). — Tour gallo-romaine, 10; constructions xve siècle, 75.

Restes d'enceinte fortifiée. — Mur gallo-romain, 10, 11; fortifications du xe et du xii° siècles, 19, 20; tour de la rue Boucicaut, 36.

Ponts. — Ancien pont détruit, 36, 37; pont xviii° siècle, 126 (fig.), 128.

Fontaine de Beaune, 54, 55 (fig.), 130.

Statues. 147, 149, 150 (fig.).

MAISONS ANCIENNES
(Les plus importantes sont marquées d'une astérique)

I. — A l'Est de la rue Nationale.
(quartier de la Cathédrale).

Rue des Ursulines : * La Petite Bourdaisière (ancien séminaire), 76 (fig.), 97.

Place Foire-le-Roi : * Hôtel dit de Jean Galland, 85 (fig.), 113, 114; hôtel de la Bourdaisière, 89; maisons xve siècle, 94.

Rue Colbert et rue Nationale : * Hôtel de Beaune, 85, 86 (fig.), 87 (fig.), 130.

Rue Colbert : Hôtel de Dunois, 88; maisons xve siècle, 94; maisons xviii° siècle, 114; maison Lange, 114; maison Simon, 86, 120.

Rue du Cygne : Hôtel xvi° siècle, 90 (fig.).

Rue Emile-Zola, n° 19 : * Hôtel Lefebvre de Montifray, 116 (fig.), 117 (fig.).

Rue de la Préfecture, n° 24 : Maison de Pierre Meusnier, 118.

Place Emile-Zola, n° 15 : Hôtel Liébert, 119 (fig.).

Rue Nationale (ancienne rue Royale), 127 (fig.), 129.

II. — A l'Ouest de la rue Nationale
(quartier de Saint-Martin).

Place de Châteauneuf : Maison xiii° et xve siècles, 38.

Rue Paul-Louis-Courier : * Maison xve siècle, 79 (fig.), 80 (fig.); maison xvi° siècle, 93; hôtel Robin-Quantin, 93, 112, 113 (fig.); hôtel Louis XIII, 112.

Rue Julien-Leroy : Hôtel xve siècle, 81, 113.

Place de la Grandière : Hôtel Lesourd, 81.

Rue de Châteauneuf : Hôtel Briçonnet, 81.

Rue du Change : Dépendance de l'hôtel Briçonnet, 81; maison xve siècle, 94 et 176 (fig.).

Rue du Petit-Soleil : Maison xvi° siècle, 92.

Rue Bretonneau : Hôtels xve et xvi° siècles, 82.

Rue Briçonnet : Maison gothique, 38; * maison dite de Tristan, 77, 78 (fig.), 79, 113; hôtels xviii° siècle, 118, 119 (fig.).

ENVIRONS DE TOURS

Angle de la maison de la rue du Change.

Cloître Saint-Martin. — Détail d'une arcade.

TABLE DES ILLUSTRATIONS

TABLE DES MATIÈRES

CHAPITRE PREMIER

CHAPITRE II

CHAPITRE III

CHAPITRE IV

CHAPITRE V

CHAPITRE VI

ÉVREUX, IMPRIMERIE CHARLES HÉRISSEY ET FILS